Michaela Graham
Julia Meixner

Du bist Schöpfer. Meister. Jetzt.

Wenn du weißt, wie du die universellen Tools für dich nutzt, erschaffst du dein Leben, dein MenschSein vollkommen neu.

Die ToolSammlung aus dem göttlichen Feld der Wunder für dein Spiel des Liebens.

Impressum
Texte: © 2022 Copyright by Michaela Graham
Bilder: © 2022 Copyright by Julia Meixner
Umschlag: © 2022 Copyright by Michaela Graham,
Niclas Müller, Julia Meixner

Verantwortlich
für den Inhalt: Michaela Graham
loahoku GmbH
Am Seebachanger 21, 85737 Ismaning
Https://www.loahoku.com
info@loahoku.com

Inhalt

Inhalt	3
VorWort	9
Das kosmische LiebesBad	18
Wie du dieses Buch für dich nutzen kannst.	20
Ja / Nein Test.	22
Aufstellung	26
Download eines Tools	26
Wo wir herkommen und wo wir hingehen	28
Die Basis allen Sein. Bist du!	32
MenschSein	36
Dein JA!	37
Deine Erlaubnis	38
Scheisse zurück holen	40
Himmel und Erde in dir verbinden	42
Waschmaschine für dich	44
EnergieBlase / EnergieKugel	46
Systeme und du	48
Dein System ist nicht in sich geschlossen.	49
System Schütteln	50
Anzug	53

Spiegel aufstellen	56
ZweierSysteme	58
Dein ZweierSystem reinigen	64
Feiere dein ZweierSystem	66
Deine Familie, dein Umfeld	67
Klebstoff entfernen	71
Podeste und Augenhöhe	74
Vom Podest auf Augenhöhe	76
Namen und Titel löschen	78
Liegende Acht zerschneiden	80
Sprache und Wirksamkeit	83
Epigenetik, Erbanlagen von Worten, Plätzen, Situationen	86
Worte waschen	88
Waschmaschine	90
Nimm deinen Raum ein	92
Materie reinigen	94
Pentagramm	96
Kopf und Ego	98
Steine Tool	104
Filme für dein BewusstSein	106
Ego an die Leine nehmen	108

Kopf auf die Ablage legen	110
Ego aushungern	112
Die Angst und wofür sie sein kann (oder auch nicht).	114
Spiele die Klaviatur deiner Gefühle	119
In der Erde baden	122
Angst und das Surrogat	124
Mehrere Ängste entlassen.	126
Angst drehen	126
Lichtdusche	128
Löwenlachen	132
Dein Leben ist für dich - Vom Dienen und Sein.	134
Brillen und Filter verändern	136
Wippen	139
Deine Einstellung macht deine Vorstellung, deine Welt	141
Position erneuern	142
Dein Fokus macht deine Welt	143
Lasse deine Identitäten los.	144
Deine geistige Nahrung macht dein Leben	146
Kosmische Teams	148
Zeit und Raum nutzen - ParallelWelten	154
Zeit verlängern / dehnen	156

Zeit kürzen / schneiden	158
Parallel Welten wechseln - Blue Print einschwingen	160
Eigenen Raum vergrössern	162
Reinigung	164
Löschzug	166
Essen neutralisieren	168
Chakren reinigen	170
Säurebad	172
Kraft(Halb)Sätze und PowerWorte	174
Hoch N	177
Programmieren	178
Knopf programmieren	183
FrequenzRegler - Knopf	185
Spirale	186
Wasser programmieren	188
Körper und Medizin	190
Kreuz	196
Energetische OPs / Diagnosen / Labels entfernen	198
SchlammBad, WasserBad	202
WirbelsäulenAufrichtung / WirbelsäulenEntnahme	204
Die Natur, die Tiere und die Elemente	206

Schnelle KraftQuellen für dich	210
Der Atem	213
Verbinde dich mit deinem Atem	214
BegriffsErklärung	216

Ich bin. Die Vollkommenheit als Mensch. Jetzt.

VorWort

Ihr Lieben,
Es ist eine große Freude für mich, dieses Buch gemeinsam mit Julia für dich auf die Welt zu bringen. Julia hat mehr als ein Jahr lang bei allem, das durch uns, loahoku, in die Welt geflossen ist, die Schreibfeder geschwungen. Und so sind unzählig viele Tools und Möglichkeiten für dich in dieses Buch geströmt. Und noch schöner: Julia ist - wie du siehst - eine wahre Künstlerin der Bilder. Dort, wo Worte durch deine Resonanzen verwirren können, bringt die Kunst von Julia Klarheit in dein System.

So wirst du dieses Buch geniessen. Ob du es einfach so lesen möchtest oder tiefer in dir erforschen willst, wer du bist und wo du dich bewegst.

Ich möchte an dieser Stelle und immer wieder DANKE sagen, singen, tönen, schreien, tanzen, spielen, lachen, ausstrahlen... Auch wenn dieses Wort und auch alles andere, das ist, zu klein ist für all das, was ich mit dir fühle, geliebter nalohoku, habe ich doch alles um das Wort herum gegeben, das für mich dazu gehört. Also spüre einfach hinein. Und bade in der Liebe. Fülle dich. Sei. Liebe.

Danke, geliebter nalohoku, Niclas, für dein Sein. Für dein mit mir Sein. Für deine Liebe, deine Geduld, deine Klarheit und Wahrheit, deine Schönheit und Grösse. Danke für unser Lachen, für die Freude in unserem Leben. Ich danke dir dafür, dass du das Schönste in mir siehst und das Schönste für mich bist. Ich danke dir dafür, dass du mit mir schwingst und lebst, in deiner Grösse bist und mich selbst in meiner Grösse sein lässt. Danke, dass du mich ergänzt und erweiterst und mich einlädst, dich zu ergänzen und zu erweitern.

Danke für all die unzählig vielen WertVollen Augenblicke, für die Ekstase, das Tanzen und Sein, das Lachen und Weinen. Meine Liebe hat keine Worte und so programmiere ich an diese Stelle den Ausdruck all meines Sein im ZweierSystem mit dir. Welch eine große Ehre und Gnade, mit dir zu sein. Danke danke danke.

Natürlich sind viele Tools und Worte durch nalohoku in die Welt gekommen. Denn was für mich vor Jahren noch unvorstellbar war, ist mit Niclas, nalohoku, fast schon selbstverständlich auf eine hoch geehrte Art und Weise. Ich bin wir. Mein Sein mit nalohoku hat eine Erhöhung, Vergrösserung, Weite und Tiefe erfahren, wie ich es mir niemals hätte vorstellen können.

Ich fühle mich so wohl, dass es keine Worte hat. Nalohoku ist ein Meister. Mutig und groß, tief und weit ist er der beste Heiler, den ich je kannte oder kenne. Auch hier ergänzen wir uns und vergrössern uns im ZweierSystem. Nalohoku sieht. Alles in mir und um mich. Ich bin gläsern. Welch große Gnade. Er lässt mich sehen und sein Sein gläsern erblicken. Danke!

Die Meisterschule ist perfekt durch ihn. Denn was ich nicht sehe, sieht er. Was er nicht sieht, sehe ich. Wir sind eins. Was für eine Freiheit. Was für eine Leichtigkeit und Freude. Danke.

Nalohoku channelt aus dem göttlichen Feld der Wunder die schönsten und heilsamsten, tief gehendsten Frequenzen[1], die du dir nicht vorstellen kannst, denn du musst sie fühlen und erfahren. Danke für dein Sein, nalohoku. Ich segne mich und ich segne dich.

Wenn ich in diesem Buche „ich" schreibe, so folge ich einer alten Gewohnheit und weiß beim Schreiben, dass ich UNS meine. Wie leicht ist Leben und Lieben. Wenn wir es zulassen.

Danke Mary, für deine Liebe und dein mit mir Sein. Du ermöglichst es Niclas und mir, in Leichtigkeit zu leben und zu lieben und so unsere

---

[1] https://loahoku.com/frequenzboost/

Werke und unser Wirken in die Welt zu geben. Weißt du, dass du bereits mitten in der neuen Zeit bist? Denn die Liebe, die du bedingungslos gibst, ist neue Zeit. Sie ist Spiel des Liebens. Ohne Klebstoff oder Abhängigkeiten bist du einfach da. Stellst uns Raum und Weite zur Verfügung. Danke!

Danke euch allen, die ihr mit mir seid. Ich könnte jetzt ein ganzes Buch nur für dich, für euch schreiben. Und du weißt, was du für mich bedeutest, wenn du mich siehst. Mein Herz ist weit geöffnet und sendet Liebe zu dir. Danke danke danke für dein mit mir und mit uns sein.

Wir bei loahoku erweitern uns Schritt für Schritt. Auch das ist eine große Gnade. Ist es doch ungewohnt, gemeinsam zu sein und dabei keinerlei Klebstoff zu dulden. Es ist möglich und es ist groß. Danke, liebe Julia und danke liebe Heidi. Mutig seid ihr. Und so sehr geliebt. Wir gehen Schritt für Schritt und öffnen den Raum noch weiter.

Die loahoku Community ist eine Gemeinschaft der neuen Zeit. Sie wächst und formt sich in aller Formlosigkeit sanft und leise. So ist es, dass die Basis dieser Community ein tiefes, festes und KraftVolles Verwurzeln und Lieben ist. Wir lieben und achten, ehren und fördern einander und das ganz ohne unsere Geschichten, ganz ohne einander zu brauchen oder aneinander zu ziehen. Es ist fühlbar, dieses weite Feld, in dem wir uns bewegen und es ist tief und weit. Wir nähren und baden uns darin und unser miteinander sein findet auf dieser und anderen Ebenen statt. Ohne die Geschichten, ohne die Rollen eben. Die Zerstörung weicht der Liebe und das Fliegen weicht dem MenschSein. Welch große Gnade, dass ich mit euch allen sein darf. Ein herzliches Willkommen an dich, wenn du dazu gehören willst. Danke.

Wir sind in der WandelZeit und gehen aus dem Spiel der Zerstörung in das Spiel des Liebens. Das klingt leicht und geschmeidig und beinhaltet doch so unzählig viele Facetten, dass es immer wieder gut ist, dir bewusst zu sein, wo du stehst, wer du bist, was du dir wünschst. Gönne dir, dass du auch einmal eine Pause einlegst. Nicht, um in deine alten Muster zurück zu gehen, doch um mit deinem geschärften Bewusstsein und deiner (neuen) Klarheit und Reinheit deinen Weg zu prüfen, zu verifizieren, zu justieren. In unserer Meisterschule[2] begleiten wir seit langem Menschen in diesem ICH BIN, MenschSein Prozess und immer wieder spüre ich die tiefe Gnade, in dieser Zeit meiner wunderbaren Berufung zu folgen.

Wenn du wissen willst, wer wir bei loahoku sind, dann kann ich dir hier viel erzählen. Mach' dir dein eigenes Erleben, in einem unserer Formate oder auf YouTube[3] erhältst du einen guten Einblick.

Wo auch immer du in diesem Moment stehst. Ob du schon unendlich viel für dich erlöst und gelöscht hast oder ob du gerade beginnst, dich mit dir selbst anzufreunden.

Mit diesem Buch erhältst du eine ganze Menge an pragmatischen und lebensnahen Tools, die dich unterstützen, begleiten, dir für den ein oder anderen Prozess in dir Leichtigkeit und schnelle Wirksamkeit schenken.
Natürlich ist ein Tool immer erst einmal ein Tool. Solange bis es durch dich wirksam wird. Hierfür braucht es die Basis. Dein JA! zum MenschSein. Dein JA! zu diesem Leben und ErLeben.

---

[2] Wenn du mehr über die Meisterschule wissen willst, findest du auf unserer Webseite viel Information: https://loahoku.com/meisterschule

[3] https://www.youtube.com/loahoku

Die Tools und alles, das wir heute schreiben, sind wirksam und können für den ein oder anderen lebensnotwendig sein in dieser WandelZeit, in der wir aus der Zerstörung in die Liebe gehen. Ob wir sie noch benötigen, wenn wir die Liebe ganz leben und in unserem MenschSein im Hier und Jetzt sind? Ich vermute, nein. Und bis dahin kannst du die Tools und die Wirksamkeit, deine Leichtigkeit und dein SchöpferSein im MenschSein geniessen. Jeden Tag mehr Energie und Liebe für dich.

Wenn wir sagen, dass du Schöpfer bist, dann bedeutet dieses so vieles mehr als ein Wort. Wenn du in dir annehmen kannst, dass alles, das in dir und um dich ist, durch dich selbst erschaffen ist, hast du bereits einen guten GrundStein für dein MenschSein gelegt. Wenn du in dir erkennen kannst, dass du die Zerstörung bist, ebenso wie die Liebe, dass du dunkel bist und hell, schön und hässlich, wenn du aus diesem tiefen BewusstSein auftauchst und dein JA! in die Erde geben kannst, wirst du die Wirksamkeit der Tools umso mehr erfahren. SelbstVerantwortung. Das bedeutet, dass du alle Antworten in dir hast. Du bist ja bereits allEs und nichts.
Und so wünsche ich dir, dass du die Tools als eine Möglichkeit ansiehst, leicht in dein GanzSein, dein MenschSein zu gehen.

Die Tools gleichen sich an deine Glaubenssätze an, machen Blockaden und Schwüre, etc. sichtbar, die du dir selbst gegeben hast. Und dienen dir im gleichen Moment, sie zu lösen. Und wie bei allem gilt:

Gönne dir an den Stellen professionelle Unterstützung und Begleitung, wo du spürst, dass du nicht weiterkommst. Dort, wo du scheinbar oder tatsächlich immer wieder die selbe Schleife drehst. Es gibt Themen und entsprechende ErLösung, die deinem System zu viel und zu groß erscheinen können, sodass nichts an Wirkung durch dich hindurch dringt.
An diesen Stellen sind wir da. Dienen dir in der Meisterschule[4] oder in einem anderen Format. Sodass du wieder selbst übernehmen und weiter gehen kannst, sobald du frei bist.

Meine Überzeugung ist es, dass wir alle ein Kanal sind, durch den die Essenz des Sein auf diese Welt gebracht ist. Diesen Kanal befreien wir jetzt und heute alle in unserem MenschSein. Denn dort, wo wir ausschliesslich in der Zerstörung spielten, waren wir getrennt von unserer Essenz. Ähnlich einem GesellschaftsSpiel. Wir sind nicht die Holzfigur, die übers Spielbrett zieht, wir bewegen sie. So in etwa darfst du dir unser Sein im Spiel der Zerstörung vorstellen. Dieses war ein mega cooles und wichtiges Tool, denn so wurde die Holzfigur zerstört, nicht aber unsere Essenz.

Das Dissoziiert Sein war also Teil des Spiels der Zerstörung.

Nun hat ein neues Spiel gestartet und es geht zunächst einmal darum, dass wir uns wieder assoziieren, verbinden mit uns selbst, ankommen in uns selbst und auf der Erde. Die Erde verliert an Magnetismus, die Frequenzen steigen mit jedem Wimpernschlag.
Das bedeutet, wir in unserem MenschSein müssen erstmals Wege finden, wie wir in SelbstVerAntwortung und in unserem körperlichen Sein tief in die Erde verwurzeln, um auf dieser Erde überhaupt sein zu können. **Verwurzeln wir uns nicht, fliegen wir.** Die Folge? Schliesse

---

[4] https://loahoku.com/meisterschule

deine Augen in diesem Moment und blicke hinein in dein Leben. Wo und wann fliegst du? Wie fühlt sich dieses Fliegen an?[5]
Wo und wann fühlst du dich genährt, bist im Flow, spürst deine Füsse tief in die Erde verwurzelnd?

Wir erleben in unserer Arbeit, dass kaum eine(r) auf dieser Erde verwurzelt ist in diesem Moment. Und wenn du noch einmal ein paar Zeilen nach oben schaust, weißt du, warum. In einer Welt, die Zerstörung als oberstes SpielKonzept hat, macht es Sinn, zu fliegen. Hintertürchen zu haben, durch die das Leben etwas leichter erscheint. **So geht es nun also darum, dass wir alles, das ist, dein gesamtes Sein auf den Kopf stellen. Alles, das herausfällt, macht Raum. Raum in dir, der wichtig ist für all das Neue, das nun einströmt.**

Der erste Schritt für deinen Eintritt ins Spiel des Liebens ist also dein JA! zur Erde. Zu dir in deinem MenschSein. Bedingungslos darfst und sollst du JA! sagen zu allem, das ist. JA! besonders auch zu all der Zerstörung, die du wahrnimmst. Denn nur so kannst du die kreative Kraft in dir selbst erkennen und befreien, sodass sie dir für das Spiel des Liebens zur Verfügung steht.

---

[5] Wenn wir bei loahoku vom Fliegen sprechen, dann bedeutet das, dass du nicht mit Mutter Erde in Verbindung bist, sondern bestenfalls auf dem Boden gehst, meist eher einige Meter über dem Boden schwebst. Du findest mehr Information dazu im Anhang

Der zweite Schritt in dein GanzSein, dein MenschSein ist, dass du dich wieder mit der männlichen Kraft und mit deiner weiblichen Kraft verbindest. Es ist wichtig, dass du beiden Polen, der gesamten Weite der Dualität, in dir wieder Raum und Energie gibst. Das Männliche, das Göttliche, die Klarheit, die unendliche Kraft aus der ZentralSonne darf sich wieder mit deiner Weiblichkeit, der Weite, der Materie, der Dunkelheit, der puren UrKraft verbinden. Denn aus der Mitte erwächst dein SchöpferSein. Dieses bringst du auf die Erde. Als Mensch.

Erstmalig sind wir also als Menschen hier auf der Erde. Ein spannendes und vollständig neues Spiel hat begonnen. Wir schliessen all unsere Hintertürchen, kommen in unserem Körper an. Und lassen alles, das wir sind, in diese Körper fliessen. So ganz und so WunderVoll verbunden können wir alles sein und leben. Aus diesem GanzSein, dieser bedingungslosen Liebe zu unserem ICH BIN DA können in einem dritten Schritt die ZweierSysteme entstehen, die die Basis bilden für die neuen Gemeinschaften, für das Sein im Spiel des Liebens.

Spürst du in diesem Moment die Weite dieser aktuellen Zeit? Kannst du ahnen, wie frei und groß, wie weit und bedingungslos dein Leben und Lieben sein kann? Dann speichere dieses WunderVolle Gefühl deines ICH BIN RICHTIG in jeder deiner Zellen und geniesse die Tools, dein Leben, dein Sein.

Und wenn du tiefer gehen willst, dann freuen wir uns auf dich in der Meisterschule[6], die einfach alles ist, das du dir nicht einmal gewünscht hättest, weil du nicht wissen kannst, was alles in dir an Potenzial, Freude, Weite, Liebe, Glückseligkeit,…, ist.

---

[6] https://loahoku.com/meisterschule

Ich verneige mich vor dir und danke dir für dein Sein. Unendliche Liebe strömt von mir zu dir. Nicht um dich zu füllen, doch um dich an die Bedingungslosigkeit deiner Liebe zu erinnern.

Gönne dir dein neues Sein. Jetzt ist die richtige Zeit. Ich liebe dich.

Ihr Lieben, lasst uns spielen im Spiel des Liebens! Auf unserer Seite[7] laden wir dich ein zum **Online ToolKarten Spiel**. Es ist für dich als glückseliger Besitzer des Buches gratis. Und wie bei allem, das wir dir anbieten, gilt, dass du in deinem MenschSein nicht nur immer die Wahl hast sondern stets und immer dein Leben selbst machst. Ob du es bewusst oder unbewusst tust, mit oder ohne Karten. Du bist Schöpfer deines gesamten Lebens und allem, das damit einhergeht.
Die Karten dienen dir als ein Spiel, den im Spiel des Liebens geht es um Leichtigkeit. Je mehr Leichtigkeit umso mehr Flow, umso leichter erschaffst du das, was dich nährt und erfreut.. Also geniess das Spiel und dich. **Passwort**: Die ersten 4 Worte ohne Leerzeichen aus dem Kapitel "Ego aushungern" (Direkt unter der Überschrift.). Beispiel: Wenn im Buch steht: Gönne dir dein neues Sein. Dann ist das Passwort: Gönnedirdeinneues. Alles zusammen geschrieben und Grossbuchstaben dort, wo auch Grossbuchstaben im Buch sind.

---

[7] https://loahoku.com/tool-karten-du-bist-schoepfer-meister-jetzt-vollstaendig/

Das kosmische LiebesBad

Das erste Tool, welches wir dir schenken wollen, ist das Tool, das du jederzeit, in allen Lebenslagen und zu jeglicher Art von Möglichkeit nutzen kannst, wenn du Liebe tanken willst.
Liebe ist deine Quelle. Und Liebe bist du.
Und doch gibt es heute noch Zeiten, in denen du dich vielleicht getrennt fühlst, einsam, nicht richtig, nicht schön, etc.
Für diese Momente gibt es das Liebesbad. Es ist so leicht wie ein Salzbad in deiner Badewanne und es kann wirksamer sein als eine Woche Urlaub oder Kur.

1. Starte mit deiner Intention: „Mich [Vorname, Name] zurücksetzen zur Norm der göttlichen Schöpfung auf allen Ebenen und in allen Dimensionen, Zeiten und Räumen. Kosmische Liebe tanken und mein System vollständig aufladen. Jetzt."
2. Stelle dir eine übergrosse Badewanne vor.
3. Sie ist mit purer kosmischer Liebe gefüllt.
4. Wirf Blumen oder Herzen hinein, vielleicht magst du eine Farbe oder gar mehrere für dich wählen. Spiele mit der Badewanne und ihrem Inhalt. Gib alles hinein, das dich jetzt nähren kann.
5. Lege dich hinein, verbinde dich mit deinem Atem und tanke dich voll mit Liebe.
6. Bleibe so lange, wie es sich für dich gut anfühlt. Bereits ein, zwei Minuten können an dem einen Tag genügen, an einem anderen Tag magst du vielleicht eine Stunde darin verbringen.

Kosmisches LiebesBad

Wie du dieses Buch für dich nutzen kannst.

Am meisten kann dieses Buch dich unterstützen, wenn du deinen Impulsen folgst. Wenn du intuitiv in der Mitte des Buches beginnst, ist genau das Tool in der Mitte das, mit dem du dein aktuelles Thema in Lösung bringen kannst.
Schlägst du das Ende auf, ist es eben dieses Tool.

Wir haben zu Basis Themen verschiedene Tools zugeordnet. **Auch wenn du erfahren wirst, dass jedes Tool unabhängig von dem Thema für dich, für deine Heilung wirken kann.**

Du findest zu jedem Thema einige einführende Worte von Michaela. Im Anschluss findest du die einzelnen Tools, die kurz und knapp von Michaela für dich so beschrieben sind, dass du sofort loslegen kannst. Die Struktur ist nur eine von unzählig vielen Möglichkeiten und wie bei allem wählst du, welches Tool für dich und deine Situation optimal passt.
Und natürlich ist das gesamte Buch mit Frequenzen und Schwingungen aus dem göttlichen Feld der Wunder hinterlegt. Du wirst also immer wieder feststellen, dass sich das ein oder andere „Drama" in dir bereits mit deiner Entscheidung, das Buch zur Hand zu nehmen, deutlicher zeigt oder gelöst hat. Das ist Flow. Und du darfst ins Vertrauen gehen. Ins Vertrauen, dass dein Leben für dich ist. Dass du alles bist und alles hast, das du je brauchtest.

Du bist selbst Meister der Tools. Dieses Buch möchte dich daran erinnern. Bitte bleibe nicht bei diesen Tools „stecken". Nutze das Buch, um deinen Geist, deinen Verstand, dein System zu weiten, zu erweitern. Komm in die MeisterSchule[8], um in die Tiefen deiner Möglichkeiten zu gelangen. Und dann, dann leg los. Kombiniere die Tools, die

---

[8] https://loahoku.com/meisterschule

wir dir anbieten nach deinem Impuls. Lade neue coole Ergänzungen oder vollkommen neue Tools aus dem göttlichen Feld der Wunder, aus dem kristallinen GitterNetz.
Fühle dich frei und sieh, wie leicht MenschSein sein kann.

Und vor allem: Enjoy! Geniess dein Sein als Mensch und Meister.

Was auch immer du anwendest, lasse immer deinen Kopf aussen vor. Verlasse dich auf deine Impulse. Auf dein Gefühl. Du bist Meister. Und natürlich weißt du selbst immer und zu jedem Zeitpunkt, welches Tool in diesem Moment richtig für dich ist. Und wenn du es nicht weißt, dann verwende das Ja/Nein Tool.

Die meisten Tools, die wir dir hier vorstellen, kommen direkt aus unserem täglichen Leben und Erleben. Das potenziert ihre Wirksamkeit, denn dein Verstand kennt die Tools, deren Anwendung und Wirksamkeit aus anderen Bereichen des Lebens und weiß, dass sie funktionieren. So kann er entspannt aus dem Weg gehen und dir den Raum öffnen für optimale Heilung, Transformation, Wirksamkeit.

Natürlich sind Tools erst einmal Tools. Nur weil du einen Hammer hast, bedeutet das nicht, dass du weißt, wie du damit einen Nagel in die Wand bekommst. Und es bedeutet noch weniger, dass du damit schneller kochen kannst. An manchen Ecken kann es auch geschehen, dass der Hammer nicht ausreicht, weil du zuerst eine Zange brauchst, um die bereits vorhandenen schief eingeschlagenen Nägel zu entfernen, um letztlich den Nagel für dein Bild optimal in die Wand zu bekommen.

So kann es dir auch im Leben gehen. Wir alle haben Themen, die so tief und weit gehen, so dunkel und schmerzhaft sind, dass wir sie einfach nicht erkennen, nicht wahrnehmen können.

In solchen Fällen nutzt das beste Tool nicht für dich. Dann ist es Zeit, dass du dir Unterstützung von aussen gönnst. Das beste für dich ist, wenn du zu uns in die Meisterschule[9] kommst. Und natürlich ist dein Impuls immer der richtige, so du dir erlaubst, deinen Impulsen zu folgen.

Und jetzt geniess einfach erst einmal die WunderVollen Tools, die dich in dein FreiSein katapultieren können.

Ja / Nein Test.

Manchmal sind die Themen oder Fragen so tief berührend für dich, dass du eine schnelle Unterstützung brauchst. Im Sinne deiner Selbstverantwortung und deinem Schöpfersein gibt es unzählig viele wundervolle Möglichkeiten für dich, das für dich richtige und wichtige sofort zu erkennen. Und wie bei allem gilt, je näher du an deinem Selbst bist, umso weniger Hilfsmittel und Tools benötigst du.

Mit diesem Test kannst du alles klären, das für dich wichtig ist. Du erhältst eine hundertprozentige Antwort auf Fragen, die dich betreffen. Bitte frage nur dann, wenn du die Antwort wirklich wissen und spüren willst! Bedanke dich anschliessend bei deinem Inneren für die Antwort.

In diesem Buch kannst du diesen Test auch jederzeit verwenden, wenn du wissen willst, ob das jeweilige Tool gerade für dich passend ist.

---

[9] https://loahoku.com/meisterschule

1. Stelle dich bequem hin, sodass deine Wirbelsäule vollständig aufgerichtet ist.
2. Spüre deine Verwurzelung nach unten und nach oben.
3. Grundtest:
   1. Halte deine Hände an den Solarplexus und stell dir etwas Positives / Aufbauendes vor.
   2. Du spürst wie sich dein Körper nach vorne bewegt. (Wenn du gut in dir verwurzelt bist und dich gut spürst, genügt es, wenn du wahrnimmst, wie dein Solarplexus in Form von fest oder weich werden reagiert)
   3. Anschliessend denkst du an etwas Negatives / Abbauendes und dein Körper wird sich nach hinten neigen.
   4. Es funktioniert hundertprozentig.
4. Nun denke an dein Anliegen oder nimm einen Gegenstand (Medikament, Kaufobjekt) in Deine Hand und führe ihn an deinen Solarplexus.
   Wenn es sich bei der Frage nicht um einen Gegenstand handelt, kannst du die Situation, die du klären willst auf ein Papier aufschreiben. Ähnlich wie du es aus Aufstellungen kennst.
5. Stelle dir mit offenen Augen deine Frage. Wichtig dabei ist, dass die Fragestellung eindeutig ist. Am einfachsten ist die Frage: „Tut mir dieses (Medikament, Objekt) gut?".
6. Schliesse nun deine Augen, damit du nicht abgelenkt wirst.
7. Die Botschaft kann sich nun aus deinem Innersten offenbaren. Dein Körper wird sich nun nach hinten oder nach vorne neigen, bzw. Dein Solarplexus wird die Reaktion zeigen.
8. Nach hinten neigen (Solarplexus fest, hart) bedeutet: Es stösst mich ab und das Ergebnis ist negativ.
9. Nach vorne neigen (Solarplexus weich, weit) bedeutet: Es zieht mich an und das Ergebnis ist positiv.

Wie bei allem gilt, dass es wichtig ist, dass Du gut verwurzelt bist. Wenn Du durcheinander bist oder aufgeregt, starte mit einer schnellen Lichtdusche, um wieder ganz bei Dir zu sein.

Erinnere Dich daran, dass deine Seele über deinen Körper die Wahrheit spricht. Sie ist nicht manipulierbar. Das kann bedeuten, dass die Antwort, die du erhältst nicht deinem Wunsch entspricht, der über den Verstand kommt.

Ja / Nein Test

Aufstellung

Du kannst mit dem Ja/Nein Tool auch ganze Themen oder verschiedene Möglichkeiten aufstellen. Hierbei gehst du so vor:

1. Schreibe die verschiedenen Möglichkeiten jeweils auf ein Blatt Papier
2. Achte dabei darauf, dass du die Papiere im Anschluss mischt, damit dein Verstand draussen bleiben kann.
3. Stelle dich dann auf jeden Zettel und vollziehe den JA/Nein Test.

Je genauer deine Fragen sind, umso intensiver ist dein Ergebnis. So kannst du Frage für Frage tiefer und tiefer lösen und löschen.

Download eines Tools

Wenn du bereits in der Meisterschule[10] bist oder warst, bist du fit, um dir das jeweils für dich stimmige Tool als Download zu holen.

---

[10] https://loahoku.com/meisterschule

Download eines Tools

Wo wir herkommen und wo wir hingehen

Je tiefer du eintauchst in das neue Spiel des Liebens, umso klarer ist deine Sichtweise auf unsere Herkunft, unser scheinbares Ziel[11] und das Sein selbst.

Aus meiner heutigen Perspektive betrachtet, gibt es kein Ziel und auch keine Aufgabe, der wir folgen müssen. Alles, das ist, ist unser Sein, unser MenschSein. Liebe ist unsere Quelle und aus dem Licht kommen wir. Wir alle sind MeisterKristalle, die im endlosen kristallinen Gitter vibrieren und schwingen. In vollständiger Abhängigkeit voneinander und doch vollkommen und frei, stets und immer verbunden und doch in jeder Frequenz in uns selbst ganz.

Aus diesem kristallinen Gitternetz haben wir alle gemeinsam die Erde erschaffen. Mit Erschaffung der Erde begann das Spiel. UNSER SPIEL. Während vieler Millionen von Jahren waren die meisten von uns in einer Art Beobachtungsposition. Aus dem kristallinen Gitter betrachteten wir die Erde. Wir erschufen dieses und jenes und sahen zu, was geschieht. Wir programmierten und hatten Spass mit dieser Erde. Bis wir irgendwann so weit waren und selbst auf die Erde gehen wollten, um zu erfahren, wie sich das ErdenLeben anFÜHLT.

Von da an inkarnierten wir immer wieder aus unserem MeisterKristall direkt in eine der zahlreichen Möglichkeiten auf der Erde.

---

[11] „Ein Ziel zu haben, ist ein Tool aus dem Spiel der Zerstörung, es gibt im Spiel des Liebens keine Ziele mehr. Je früher du dich von deinen Zielen und Vorlagen loslöst, umso schneller entfaltet sich dein gesamtes Potenzial in dir." - Channeling aus dem göttlichen Feld der Wunder zum Thema „Ziel".

Der Prozess des Inkarnieren stellte für uns als MeisterKristalle den ersten Waschgang dar, denn es war ein „**Vergessen Modul**" direkt eingearbeitet. So war es ganz üblich, dass wir alle beim Inkarnieren unsere Macht und Kraft, unsere Herkunft und Quelle vergassen. Nicht, um uns zu bestrafen, doch um sicher zu gehen, dass wir das Spiel als Reality Game, als EchtSpiel spielen.

Wie bei anderen Spielen erschufen wir SpielPhasen, die jeweils einen Fokus hatten, dem das Leben und damit wir folgten. In Lemurien zum Beispiel lebten wir das, was wir am besten konnten. Die kosmische Liebe floss durch unsere Körper, kam jedoch nicht auf die Erde, da wir zu diesem Zeitpunkt selbst nicht auf der Erde waren sondern gleichermassen darüber hinweg schwebten.
Lemurien ging unter, um uns die Tore für eine neue Phase des Spiels zu öffnen. Zu diesem Zeitpunkt war bereits der Fokus des ersten echten ErdenSpiel klar. Zerstörung. Wir hatten eine erste Idee vom Körper bekommen, hatten noch immer keinen Fuss auf der Erde, geschweige denn Wurzeln in der Erde und wollten nun erfahren, was wir im Sinne der Zerstörung mit oder eher gegen alles, das Materie ist, erwirken können. Atlantis war die Phase, in der wir den Fokus auf alles legten, welches mit dem Verstand und dem Wissen an sich zu tun hatte. Auch zu diesem Zeitpunkt hatten wir keinerlei Möglichkeit, MIT der Erde zu sein, wir lebten einfach AUF ihr und machten unser eigenes Ding.

Atlantis wurde immer weiter entwickelt, verschiedene Konstrukte und Implantate wurden hinzugefügt ins Erden Spiel, andere waren schnell wieder unbrauchbar. Immer wichtiger wurde scheinbar das Denken, das Wissen, das, was OBEN war.

Weil wir kein Gefühl bekamen, was es bedeutet, MIT der Erde zu leben. Immer wieder wurden wir von der Erde gerüttelt und geschüttelt, wir wollten wissen, was diese Erde ist und erschufen unzählig viele Tools und Methoden, die Erde in allen Formen und Farben zu erforschen.

In der ägyptischen Phase ging es weiterhin um unseren Verstand. Vergessen war bereits unsere eigene Göttlichkeit, so entstand die tiefgehendste Wippe des damaligen MenschSein. Die Wippe zwischen den scheinbaren Göttern und Königen und den Sklaven. Auch Ägypten bzw. diese Hochzeit war wie alle anderen Parallelwelten, die wir ausprobierten, dem Tode und Untergang geweiht.

Heute, 2022, sind wir am Ende des Spiels der Zerstörung angelangt. Und das, ohne die Menschheit zu zerstören. Das ist WunderVoll, denn mit all unserem Wissen und all unseren Erfahrungen aus diesem Spiel, welches tausende von Jahren dauerte, beginnen wir nun ein entscheidend anderes, neues Spiel. Das Spiel des Liebens. Wir wissen nun, was alles möglich ist, mit dieser Materie auf der Erde, wir kennen die Dualität der Erde und sind eingetaucht in die Tiefen der irdischen Welten.

Nun geht es darum, dass wir selbst Teil dieser Erde sind bzw. werden. Als Menschen fest verwurzelt in der Erde nicht nur auf ihr leben sondern die Erde sind. Gleichzeitig und genau deshalb können wir uns vollkommen verbinden mit der Zentralsonne, denn nur dann erfahren wir unsere Göttlichkeit, unseren MeisterKristall, unsere Vollkommenheit, die wir über und in unserem Körper als Menschen auf die Erde bringen. Welch WunderVolles Spiel, welches nun beginnt.

Und wir können alles, das wir kennengelernt haben, nutzen. Hierfür gibt es die WandelZeit, in der die meisten von uns sind.

Die WandelZeit ist eine Art von NeutralZone. Wenn du dich für dein MenschSein entschieden hast, kannst du in dieser Zone alles aus der Zerstörung erkennen, loslassen, transformieren und in dich aufnehmen, um damit ins Spiel des Liebens zu gehen.
Wie das Spiel genau geht, was wir alles dabei an Wundern erfahren, wie tief wir eintauchen und wohin die Reise geht. All dieses weiß heute niemand. Doch wir alle haben einen Impuls in uns, wenn es darum geht, dass wir unsere Essenz, die kosmische Liebe, auf dieser WunderVolle Erde im MenschSein leben. Wir alle haben ein Gefühl und ein Bild, wenn wir hineinblicken in unser Sein. Aus der Vereinigung von Gott und Erde, Mann und Frau, Oben und Unten, Hinten und Vorne, aus der Vereinigung von allem, das ist, entsteht die Heilung der Gegensätze. Aus dieser Heilung, aus diesem Frieden, dieser Mitte entstehen wir als Mensch in unserem GanzSein. Nur so geht es.

Bist du bereit für dieses neue Spiel? Dann steig ein. Und freu dich auf Wunder, die nun in dein Leben fliessen können.

Die Basis allen Sein. Bist du!

Alles, das ist und alles das war oder sein wird, bist du selbst. Du machst deine Welt und deine Wahrnehmung. Du bist somit Schöpfer der Welt an sich. Denn alles, das du siehst und wahrnimmst, ist. Alles, das du nicht siehst und nicht wahrnimmst, ist nicht.
Du bist Schöpfer und hast bereits seit jeher alles erschaffen, das in deinem Leben ist und war. Du hast deine Eltern, deine Ahnen, deinen Geburtsort, deine Geburtszeit und alle Umstände in deinem Leben vollkommen erschaffen. Bevor du dich selbst in dieses Spiel geboren hast, hast du alles exakt erwählt. Du bist der Mittelpunkt, von dem alles ausgeht.

Gönne dir eine Minute und fühle das Gesagte in dir. Finde den Ort, an dem diese Worte „ich bin Schöpfer meines Lebens" in dir vibrieren. Tauche zu diesem Ort und mag er noch so klein sein. (Meist findest du diesen Raum in der Nähe oder direkt über deinem MeisterKristall, zwischen Herz und Solarplexus). Gib diesen Worten all deine Aufmerksamkeit und Liebe. Bade darin. Spürst du, wie du in dir grösser und grösser wirst? Nimmst du wahr, wie tief deine Wurzeln in die Erde ziehen? Dieser Raum in dir, der immer schon weiß, dass du Schöpfer bist, ist dein RichtStern auf deinem Weg ins Neue. Tauche immer und immer wieder dort hinein, insbesondere dann, wenn du scheinbar unsicher bist. Hier ist der Ursprung deiner Wurzeln. Tauche also ein und verwurzele dich in dir selbst. Spüre, wie alles in dir weit und weiter ist, je tiefer du verwurzelst.

Das, was du in dir veränderst, ist in deiner gesamten Welt verändert, ist in der Welt an sich geändert. Alles, das du in Lösung bringst, ist - für alle Menschen zugänglich - als Lösung im Feld.
Das können kleine oder sehr große Veränderungen und alles dazwischen sein.

Die Basis allen Sein bist du

Ein Beispiel für dich: Du hast all deinen Klebstoff gelöscht und bist „abgesprungen". Ohne zu wissen, wohin es dich treibt, ob du alleine oder gemeinsam mit (d)einem Partner sein wirst, in deinem bekannten oder einem vollständig unbekannten Umfeld, etc. Du hast einfach alles an Verbindungen und Verstrickungen gelöst und gelöscht. Im Aussen hast du erst einmal noch nichts verändert. Du wohnst noch immer in der Wohngemeinschaft, in der du zuvor warst, bist noch im gleichen Unternehmen angestellt, etc. Und doch scheint von einem auf den anderen Tag alles anders. Du fühlst dich frei und groß. Es scheint, als ob nichts mehr an dir klebt, deine Schultern sind frei und du kannst dich mühelos aufrichten. Deine Hände fühlen sich frei an und du spürst deine Wurzeln. In manchen Minuten spürst du sogar deine Glückseligkeit. Wie ein kleiner Sickerbach fliesst oder tröpfelt sie in dir, bereit grösser und grösser zu werden. Und das beste ist: Es scheint nun vollständig natürlich und mühelos für dich, im Aussen zu agieren. Menschen in deinem Umfeld verabschieden sich in Liebe aus deinem Leben, neue Menschen kommen in dein Feld. Menschen, die dich erweitern, die dich genau so sehen und anerkennen, wie du bist, Menschen, die dich wahrnehmen und ernst nehmen, die dich lieben, dir Raum für deine ganze Grösse bieten.

Und das alles nur aufgrund dessen, dass du die Resonanzen in dir gelöst hast.

Wir können nichts im Aussen verändern. Und das ist auch gut so. Du kannst also weder deinen Mann noch deine Frau, deine Kinder oder deine Mutter oder Vater verändern. Und zwar niemals! Du kannst niemanden „beglücken". Auch dann nicht, wenn du der grösste Magier und Meister aller Zeiten bist. Denn du kannst immer nur für dich selbst wirken. Bei dir die Resonanzen löschen. In dir Freiraum machen. Und das ist bereits mehr als genug. Über dein Sein, die Ausstrahlung deiner Liebe, deines Freiraum, deiner Weite machst du es möglich, dass andere sich die Lösungen als Download holen. Oder nicht. Das wiederum liegt an den einzelnen Menschen selbst.

Du hast dich ermächtigt, die rohe männliche Kraft in dir anzunehmen und gibst damit deiner Göttlichkeit die Erlaubnis, durch deinen Körper auf diese Erde, in dein Menschsein zu strömen. Die kosmische Liebe aus der du stammst, verbindet sich in dir mit dem höchsten Licht, mit der Dunkelheit deiner Erde und der Weite deines MenschSein. Aus all diesem bist du Ganz. Hier. Fest verwurzelt breitest du die Arme aus, bist da. Ohne Bedingung. Bist du. Lebst, lachst, liebst.

Dein JA!
Dein JA! Bedeutet, dass du immer im hier und jetzt bist, nicht mehr in den Galaxien und Universen abtauchst, dich nicht mehr aus der Bahn deines MenschSein schiesst, indem du dich durch Drogen, dein Davonlaufen, stundenlange Meditation oder sonstige Hilfsmittel aus deinem SO SEIN schiesst. Dein JA! bedeutet, dass du da bist. Dich und alles, das ist bedingungslos liebst. Nicht fatalistisch. Sondern MenschLich eben. Faktisch. Spürbar. Weil es das Einzige ist, das du kennst, kannst und willst.

„Ich will hier sein. Als Mensch fest verwurzelt im Herz von Mutter Erde will ich da sein. Jetzt. Meine Vollkommenheit und SchöpferKraft will ich auf diese Erde geben. Auch wenn ich nicht weiß, wie das geht, sage ich JA! zum MenschSein."

Deine Erlaubnis

Es ist nun an der Zeit, dir selbst zu erlauben, die Zerstörung zu beenden. Aussteigen darfst du, einsteigen ins Spiel des Liebens.

„Auch wenn ich nicht weiß, wie, erlaube ich mir jetzt, das Spiel des Liebens zu spielen, ich öffne mich für die Liebe. In meinem MenschSein will ich leben, lieben, lachen. Jetzt. Danke danke danke für mich."

Genieße die Tools, die dein MenschSein fördern, dich möglicherweise heraus fordern. Und erinnere dich:

Du bist hier, weil du es so entschieden hast. Du bist hier, weil es eine Gnade ist, zu dieser WunderVollen Zeit auf dieser Erde zu sein. Du bist hier, weil du die neue Erde, das Spiel des Liebens erschaffen willst. Erinnere dich also an dein JA!, welches du bereits mit deinem Ankommen auf dieser Erde gegeben hast.

Ich bin. Mann. Frau. Mensch. Gott. Jetzt. Hier.

Scheisse zurück holen

Es ist nicht immer das, was andere zu uns sagen, das uns belastet und beschmutzt, uns in niedrige Schwingungen bringen kann. Vielmehr ist es häufig so, dass wir selbst Dinge aussprechen, die auf einer niedrigen Frequenz sind und gesendet werden und gleichzeitig als Manifestation bzw. Bestellung an die geistige Welt wahrgenommen sind. Nach dem universellen Prinzip ist es so, dass das, was du aussendest immer auch in dir ist. Deshalb lohnt es sich, dass du die Scheisse, die du aussendet, regelmässig wieder zurück zu holst.

1. Setze oder stelle dich aufrecht hin und verbinde dich mit deinem Atem.
2. Spüre deine Wurzeln und gönne dir eine Lichtdusche, damit du vollständig im Hier und Jetzt bist
3. Schliesse deine Augen und stelle dir vor oder nimm wahr, wie der Raum um dich mit jedem Atemzug weiter wird.
4. Stelle dir ein großes Lichtportal am Ende deines Raumes vor. Es sieht aus und wirkt ähnlich wie eine übergroße Waschanlage.
5. Lade nun alle Worte, Sätze, Laute, Handlungen und Situationen ein, mit denen du Scheisse in die Welt gebracht hast.
6. Beobachte, wie alle und alles durch das Lichtportal gereinigt und zurückversetzt auf die Norm der göttlichen Schöpfung als pure Kraft für dich in deinen Raum kommt.
7. Spüre, wir diese Kraft dich nährt und weitet. Bade in dieser Kraft und nähre dich. Spüre deine Wurzeln und deine Grösse. Wenn du möchtest, sprich zu dir: danke danke danke, dass ich Mensch sein darf. Ja. Ich will. Jetzt. MenschSein.

Wenn du die Scheisse ein paar Mal zurück geholt hast, ist dein BewusstSein so scharf, dass es genügt, im Sprechen die Worte, die nicht nährend sind, zurück zu holen.

Scheisse zurück holen

Himmel und Erde in dir verbinden

Dieses Tool ist genial und du spürst sofort die Wirkung. Denn wenn du Himmel und Erde in dir, in deinem MeisterKristall verbindest, bist du Ganz. Bist du ganz als Mensch im Hier und Jetzt. Das Tool ist perfekt, wenn du für eine Präsentation oder eine Rede oder ähnliches ganz präsent sein willst. Es bringt dich innerhalb von Atemzügen ganz in deine Kraft, ins hier und jetzt. Verbindet dich gleichzeitig mit der kosmischen Weisheit und der irdischen Kraft. MenschSein eben.

1. Verbinde dich mit deinem Atem und setze oder stelle dich so hin, dass deine Wirbelsäule gerade aufgerichtet ist.
2. Nimm nun wahr oder stelle dir vor, wie aus deinem MeisterKristall (unterhalb deines Herzens und oberhalb deines Solarplexus) ein Lichtstrahl nach unten zieht und damit unzählig viele Wurzeln aus deiner Mitte ins Herz von Mutter Erde ziehen um dich dort vollkommen zu verbinden. Sofort spürst du Lebendigkeit, Leben, Festigkeit, Vertrauen.
3. Nimm wahr oder stelle dir vor oder sende aktiv über einen Befehl aus deinem MeisterKristall einen Lichtstrahl nach oben durch deinen Scheitel in die Mitte der ZentralSonne. Docke vollständig an an deiner höchsten Schöpferdimension und spüre, wie die Verbindung mit der göttlichen, männlichen Kraft sofort Klarheit, Entschiedenheit, ein Gefühl von ICH BIN RICHTIG einströmen lässt.
4. Geniesse deine Verwurzelung zu allen Seiten und in alle Dimensionen und Ebenen. Spüre wie deine Kraft einfliesst.
5. Nähre dich so lange, bis du wieder ganz da bist und dann öffne deine Augen, wenn du willst, gib dir noch einmal ein JA! Ich will MenschSein.

Himmel und Erde in dir verbinden

Waschmaschine für dich

Die Waschmaschine ist einfach und hoch wirksam in jedem Moment, in dem du keine Ahnung hast, wie du selbst wieder klar wirst, wie du deine Wurzeln wieder spürst und auf der Erde ankommst. Es gibt solche Zeiten, in denen wir keine Ahnung haben, was nun hilft und schnellstens wirkt. In diesen Zeiten erinnerst du dich an die Waschmaschine.

1. Stelle dir deine individuelle Waschmaschine vor. Sie ist Riesen groß und flexibel, sodass du locker hinein passt.
2. Stelle die Knöpfe der Waschmaschine nach deinen Wünschen ein.
   - Welche Schleuderzahl wählst du?
   - Welche Temperatur braucht es?
   - Mit Vorwäsche und Hauptgang oder 30 Minuten Wäsche?
   - Welches Waschmittel wählst du?
   - Legst du ein Tuch bei für besonders intensive Flecken?
   - Braucht es intensivere Reinigung, dann streue auch Domestos, Chlor oder anderes mit in die Maschine.
3. Wenn du möchtest, bitte deine kosmischen Reinigungsteams, mit ihren speziellen Werkzeugen in der Maschine für dich zu wirken.
4. Gib auch eine Intention ins Feld, wenn du eine bestimmte hast, zum Beispiel „Waschmaschine aktivieren für meine tiefe Verwurzelung" oder „Vollständige Reinigung von aller Zerstörung", etc.
5. Gib auch etwas Sternenstaub direkt in die Maschine, wenn du höher schwingen willst.
6. Und dann steige ein und betätige den Startknopf
7. Es geht los Die Maschine startet und du geniesst den Waschgang, das Schleudern, das Schütteln und freiwerden.

8. Wenn es dir übel wird, atme tief und verwurzele dich und wisse, die Dunkelheit, die sich nun verabschiedet, macht Freiraum in dir.
9. Warte, bis die Maschine stoppt, geh aus der Maschine, spüre deine Füsse auf dem Boden und erde dich gut in deinem neuen Freiraum.

Waschmaschine für dich

EnergieBlase / EnergieKugel

Die EnergieKugel ist eine bewegliche, aus purem göttlichen Plasma befindliche Kugel, die du vielseitig einsetzen kannst:
- wenn du energetisch arbeitest und sicher gehen willst, dass du in deinem System bleibst.
- wenn du dich systemisch oder energetisch von anderen Menschen von Dunkelheit oder ähnlichen trennen willst
- wenn du in einer Umgebung bist, in der du dich nicht wohl fühlst, in der du scheinbar an Frequenz und Schwingung verlierst.

Du kannst die EnergieKugel auch für alles nutzen, das für einige Stunden einweichen oder wirken soll, zum Beispiel wenn du ein T-Shirt für dich programmieren willst, kannst du es mit der entsprechenden Programmierung in die Kugel geben, etc.

1. Setze oder lege dich aufrecht hin und gönne dir eine Lichtdusche. Erde dich gut.
2. Verbinde dich mit deinem Atem und nimm dein EnergieFeld wahr.
3. Weite dein EnergieFeld mit deinem Atem.
4. Nimm wahr, wie höchste göttliche Frequenzen einströmen und forme diese göttlichen Frequenzen um dich herum wie eine Kugel.
5. Programmiere die Kugel auf Zeit. „EnergieKugel mit göttlichem Plasma für mich aktivieren, solange bis …."[setze die Qualität, das Gefühl, die Situation ein, die das VorhandenSein der Kugel beendet]
6. Spürst du, wie du mehr und mehr bei dir selbst ankommst?
7. Geniess dich und dein Sein!

EnergieBlase / EnergieKugel

Systeme und du

Systeme sind eines meiner Lieblingsthemen. Ich könnte ewig darüber schreiben und freue mich, wenn wir uns in der MeisterSchule[12] begegnen. Hier gehen wir ins Detail auf allen Ebenen. Nicht, um wissenschaftlich oder auf einer anderen Ebene des Verstehen Wollens etwas zu erklären, sondern um dich dort zu befreien, wo du es verdient hast. An deinen Wurzeln.

Das kleinste System inmitten aller Systeme ist dein System. Gleichzeitig ist dein System - universell betrachtet - das Grösste und das alleinige System für dich. Ohne dich gibt es die Welt nicht. Ohne dich, dein System gibt es nichts. Ohne dein System gibt es kein Aussen.
Schliesse kurz deine Augen und reflektiere diese Aussagen. Spüre das „ohne mich gibt es nichts" in dir. Erkennst du, worum es geht in deinem Leben?
Alles, das ausserhalb von deinem System ist, existiert aus deiner Wahrheit, aus deiner Essenz betrachtet, nur, weil du da bist. Entsprechend machst du jedes einzelne andere System inklusive aller Synapsen, Verbindungen, Verstrickungen, etc....

Dein System besteht aus unzählig vielen Facetten und Anteilen, z. B.:
- Gedanken
- Organe
- Hormone
- Verhaltensweisen
- Gewohnheiten
- Muskel
- Glaubenssätze
- Formate
- Werte

---

[12] https://loahoku.com/meisterschule

- Möglichkeiten
- Wortschatz
- Sprache
- Körper
- Ideen
- Impulse
- Wahrnehmungen
- etc.

Um dich vollständig zu erkennen, braucht es Zeit, denn dein System ist unendliche Weite und Tiefe. Du hast es in den tiefst möglichen Details erschaffen. Und... das Offensichtliche ist meist nicht das, was es ist. Denn dein heutiges System hast du ins Spiel der Zerstörung erschaffen. Es ist also auf Zerstörung ausgerichtet und hat entsprechend viele Verschachtelungen, Unsichtbarkeiten, etc. Nun, da wir in der WandelZeit sind, auf dem Weg in ein vollkommen neues Spiel, das Spiel des Liebens, geht es darum, dass du erkennst, wer du bist, um diesen entscheidenden neuen und nächsten Schritt zu gehen.
Alles, das dich ausmacht, ist miteinander in Verbindung.
Wenn du einen einzigen Punkt in deinem System veränderst, zum Beispiel, indem du eine Gewohnheit loslässt, verändert sich dein gesamtes System vollständig.

Dein System ist nicht in sich geschlossen.
Im IdealZustand ist dein System frei. Es schwingt in der natürlichen und universellen Verbindung mit allen anderen Systemen des Universum im kristallinen GitterNetz.
Hier auf der Erde, so kurz nach oder gar noch mitten darin im Spiel der Zerstörung ist das derzeit bei den meisten Menschen nicht so.

Im Moment, in dem ich dir hier schreibe, im Jahr 2022, ist dein System eher als übervoll zu bezeichnen. Viele Systeme sind träge, stocken, stagnieren, schwingen in negativen Spiralen, etc.
Woher das kommt? Nun, dein System ist in stetiger Kommunikation mit anderen Systemen, mit dem, was du als „aussen" bezeichnest. Je nachdem, wie sensibel und bewusst du bist, spürst du diese unbewusste Form der Kommunikation in Systemen. Auch hier gilt, dass du vom Aussen übernimmst, je offener du bist. Je besser du dich selbst kennst und weißt, wer du bist, umso leichter ist es für dich, auch in großen MenschenMengen du selbst zu sein.

Wenn dein System vollständig frei ist von den Resonanzen und Blockaden, schwingst du frei und unabhängig auf dem selben Platz inmitten aller anderer Systeme. Der Unterschied ist, dass du die anderen **wahr**nimmst, ihre Themen nicht **über**nimmst.

All das startet - wie alles andere in deinem Leben - mit deiner bewussten Entscheidung. Deinem JA! zum MenschSein. Deinem JA! zum Leben hier auf dieser WunderVollen Erde.

System Schütteln
Eines der wirksamsten Tools, das ich jemals empfangen habe, ist auch heute noch das Schütteln eines Systems. Es geht - technisch betrachtet - super leicht und kann deshalb dazu verführen, es „to go" anzuwenden. Das ist nicht zu empfehlen, denn wenn du ein System schüttelst, darfst und musst du wissen, was du tust. Viel zu viel kann damit initiiert und in Bewegung gesetzt werden. Es ist also ein Tool für Profis und ich erwähne es deshalb hier und in diesem Moment, weil es eben das wirksamste und schnellste Tool für Systeme ist. Ich habe es unzählige Male in Unternehmen angewendet.

Hier ist es besonders Wundervoll und bringt schnellstens neue Ergebnisse und grundlegende Veränderungen. Und je grösser ein System ist, umso sorgfältiger darf das System geschüttelt werden.

Du bist das Zentrum all deiner Systeme. Als kleinster Teil des Systems gibt es dich, deinen Körper, deine Emotionen, dein kristallines Netz. Von hier aus geht's weiter in all deine Verbindungen. Von dir aus schütteln wir dein System so wie Frau Holle die Betten schüttelt. Natürlich immer mit aufmerksamem Blick auf das, was "heraus" schüttelt. Schnelle Veränderung ist hier garantiert. An Stellen, die unVeränderlich schienen.

Wenn wir ein System schütteln, kann es sein, dass alle Teile des Systems, auch die noch so kleinsten und unsichtbarsten aufgerüttelt werden. Das bedeutet, dass sie ihren Platz verlassen, sichtbarer sind, das System chaotisch ist und neu geordnet werden kann. Es bedeutet auch, dass Themen, Situationen, Menschen, vermeintlich plötzlich aus dem System scheiden bzw. ins System dazu kommen.
Je grösser dein System ist, umso mehr Freiraum kann geschehen. Je weniger du mit dem Verstand dabei bist, umso mehr kann für dich und dein System an Wundern geschehen. System schütteln kannst du bei uns in der MeisterSchule[13] erfahren.

---

[13] https://loahoku.com/meisterschule

System schütteln

Anzug

Der Anzug ist ebenso ein Allrounder wie die Waschmaschine und die Lichtdusche. Du kannst ihn je nach deinen Impulsen und deiner Kreativität für und bei allem nutzen, bei dem du für einen gewissen Zeitraum Schutz wünschst.

Wir bei loahoku sind der Überzeugung, dass wir im Spiel des Liebens keinerlei Schutz mehr benötigen. Ebenso haben wir in unserer Arbeit tausende von Malen die Erfahrung gemacht, wie komplex und hinderlich Schutzmechanismen in und um uns erstellt sind, die uns am Leben und vor allem am Entfalten hindern. Häufig sind Schutzmechanismen zeitversetzt einfach nur Dunkelmasse und Schwarzmagie, entsprechend brauchen wir all dieses heute nicht mehr.

Wir wirken also mit neuen Möglichkeiten. Wie zum Beispiel mit dem Anzug, den du jederzeit anziehen kannst, wenn es sich für dich passend anfühlt. Das Ausziehen kannst du gleich anfangs dazu programmieren. So ist klar, dass der Schutz nur temporär ist. Durch das aktive Tun an jedem Tag weiß auch dein Verstand, dass du in Sicherheit bist.

Gelegenheiten für einen Anzug sind zum Beispiel:

- du bist morgens häufig müde und willst vermeiden, dass du nachts in Parallelwelten unterwegs bist, in Systemen von anderen wirkst, etc. Du ziehst also den Anzug an und wirst sofort spüren, dass ein Wegfliegen nicht mehr möglich ist. Tiefschlaf und Erholung sind garantiert.
- Du gehst an einen Ort, an dem du früher häufig das Gefühl hattest, dass die Menschen übergriffig, dir zu nah sind, du mit Dreck beworfen wirst, aus deiner Erdung fliegst, etc.

1. Erde dich und wenn du Zeit hast, gönne dir eine LichtDusche
2. Setze die Intention, wofür dein Anzug dir dienen soll. Sei so genau wie nötig und so generell wie möglich.
3. Definiere nun auch die Zeit, für die du den Anzug anziehen möchtest
4. Sprich zu dir selbst: „Ich erstelle nun einen Anzug für mich. Er bedeckt mein gesamtes System und dient von [Uhrzeit] bis [Uhrzeit] zu folgendem Nutzen für mich: „Ich bleibe in meiner Kraft" / „Ich bin im hier und jetzt" / ich bin und bleibe verwurzelt". Dieses oder besser. Hier jetzt. Danke."

Anzug

Spiegel aufstellen

Dieses Tool ist eines der am leichtesten anzuwendenden Tools. Jeder von uns hat bereits mindestens einmal einen Spiegel aufgestellt. Und mehr ist nicht dabei bei diesem Tool. Ausser natürlich, dass du keinen echten Spiegel nimmst. Kannst du auch tun, wenn du so schnell einen in der Hand hast und bringt das selbe Ergebnis.

Spiegel aufstellen ist eine schnelle Möglichkeit, einen anderen auf Abstand zu halten, ist es, dass du Spiegel aufstellst. Dieses Tool kannst du überall und jederzeit verwenden. Ein Beispiel: Ein Kollege kommt zu dir, stellt sich vor deinen Schreibtisch und fängt an, mit Dreck zu werfen. Du hast keine Lust darauf und stellst einen Spiegel zwischen euch auf.
Sofort wirst du eine Veränderung der Situation erfahren. Denn jeder Mensch erkennt sich selbst unterbewusst im Spiegelbild und so erfährt die Situation mindestens eine Unterbrechung, während der du agieren kannst.

1. Stelle den Spiegel so auf, dass dein Gegenüber hinein blicken kann.
2. Du hast nichts weiters zu tun. Ausser zu beobachten, was geschieht.

Spiegel aufstellen

ZweierSysteme

Ein ZweierSystem im Spiel des Liebens, ist für die meisten das Absurdeste das es in diesem Moment gibt.
Es ist nicht das Wort oder die Verknüpfung von Zwei und System, die es unvorstellbar machen. Es ist alles, was sich hinter den Worten verbirgt. Ein ZweierSystem im Spiel des Liebens auf diese Erde.
Die geistige Welt sagt, so etwas hat es auf dieser Erde noch nie geben.
Ich und Nalohoku (Niclas) erfahren jeden Tag eine Erweiterung, was unser ZweierSystem für uns als Mensch hier auf der Erde bedeutet. Es ist eine Gnade, zu spüren welche Größe, Gefühle, Macht, Liebe, Ekstase, Weite…… uns in unserem ZweierSystem zur Verfügung steht. Das ZweierSystem ist das kristalline Gitter als Mensch hier auf die Erde gebracht. Der Ursprung für das ZweierSystem, ist unsere Herkunft, das kristalline Gitter.

1. Ich lade dich ein, mit mir in das kristalline Gitter zu sehen. Stelle deine Füße fest auf den Boden und achte darauf, dass deine Wirbelsäule aufgerichtet ist. Spüre, wie deine Wurzeln tief in die Erde ziehen und du mit dem Herzen von MutterErde verbunden bist.
2. Sobald du dich fest verwurzelt fühlst, kannst du nach oben öffnen. (Ein Spalt reicht meistens.) Wenn du willst, kannst du deine Augen schließen und spürst wie das warme und reine Licht aus der Sonne hinter der Sonne einströmt und du immer höher schwingst.
3. Du setzt dich auf deine LichtSpirale und wirst in deine höchsten Schwingungen getragen.
4. Dein Körper fängt an zu vibrieren, regelrecht zu flirren, vielleicht spürst du deinen Brustkorb ganz deutlich.
5. In diesem heiligen Zustand richtest du deine Aufmerksamkeit auf deine Herkunft, deinen Ursprung.

6. Etwas verändert sich, dein Fokus verändert sich, wie bei einer Kamera, die ihr Bild scharf stellt, stellst du deinen Fokus auf das kristalline Gitter, es kann sein, dass dein Bild noch unklar ist.
7. Vielleicht siehst du ein Lichterspiel vor deinen Augen, vielleicht auch Kristalle in diesem Lichterspiel. Es kann auch sein, dass sich der Bereich zwischen deinem Herzen und deinem Solarplexus bemerkbar macht. Ganz warm, klar und doch auch weit spürst du deinen MeisterKristall. Vielleicht hörst du auch einen Ton, ein Vibrieren, ein Flirren von allem was um dich schwingt und ist. Es kann auch sein, dass du nichts spürst und einfach nur getragen bist, von dem Gefühl des großen Ganzen. Dieses Gefühl, dass es etwas Gröberes da draußen geben muss.
8. Ja, du bist das kristalline Gitter und das kristalline Gitter bist du. Du bist einer dieser Kristalle, dieser Lichtpunkte, dieser Vibrationen.
9. Wenn du genau hinsiehst, siehst du auch die Weite, diese unendliche Weite. Wie du mit den anderen Kristallen verbunden bist und es sich nicht eng oder verklebt anfühlt. Siehst du wie alles Wissen einfach zu Verfügung steht, immer abrufbar.
10. Plötzlich sieht du wie am einen Punkt des Gitter etwas passiert. Eine Veränderung bei einem Kristall, ein Impuls! Du sieht wie diese Veränderung sich wie eine Welle durch das gesamte Gitter ausbreitet. Alle Kristalle reiten diese Welle mit, einfach so im Flow. In dir ist ein Gefühl der Fülle und Leichtigkeit, eine Weite und Größe. Die Erkenntnis, ich bin alles und ich bin nichts.

Aus/in diesem Gitter, diesem Raum, in dem alles ist und alles sein kann, alles fließt und schwingt, stammst du und bist du. Du hast dich, vor ... Jahren entschieden, zu inkarnieren, auf eine Erde auf der es vermeintlich nur 0 und 1 gibt, *das Eine oder das Andere, Mann oder Frau, eine duale Welt. Auf den ersten Blick, ein Griff ins Klo. Vermeintlich, dadurch entstanden, dass wir uns abgetrennt haben.*

11. *Jetzt strömst du langsam wieder tiefer in deinen Körper, spürst wie schwer du bist, wie deine Wurzel in Muttererde gehen und du dich wieder ganz als Mensch in diesen Körper begibst.*

Die geistige Welt sagt, die ZweierSysteme sind die Basis für das Spiel des Liebens auf dieser Erde, auf der wir inkarniert haben. In diesem Spiel, geht es darum dein GanzSein hier auf diese Erde zubringen. Das was du eben im kristallinen Gitter gesehen hast, dich, auf diese Erde zubringen. Sobald du in allen Formatierungen und Schattierungen erkannt hast, dass du alles bist, Mensch und Gott, Männlich und Weiblich, klein und groß…, gibt dir dein ZweierSystem die Basis dafür. Für dein Sein. Ganz Menschlich hier auf dieser Erde, erinnert es dich an dein: GroßSein, KleinSein, GottSein, ErdeSein, ZerstörungSein, LiebeSein…So wie wir uns im kristalline Gitter uns den Raum geben und SIND. Gibt uns das ZweierSystem hier auf der Erde, in der Materie den Raum für unser SEIN und kreieren.

Aus den ZweierSystem entstehen Wunder und eine Erde, die wir uns im Moment noch nicht einmal, in unseren Träumen vorstellen, können.

Die Information über ZweierSysteme ist zu uns erst mit dem Spiel des Liebens geflossen. Die geistige Welt sieht das ZweierSystem als die Basis für alles im Spiel des Liebens.
Ein ZweierSystem besteht aus Mann und Frau und hat wenig mit den Partnerschaften im Spiel der Zerstörung zu tun. Basis für das ZweierSystem ist die Liebe und der Freiraum. Wenn du zum ersten Mal vom ZweierSystem liest, kann es sein, dass dein Kopf aussteigt und das ist

gut, denn du weißt ja, sobald der Kopf weg ist, kann Heilung in der Tiefe geschehen und gerade im Bezug auf die Liebe dürfen wir uns für TiefenHeilung öffnen.

Wenn wir sagen, die Liebe und der Freiraum sind die Basis für das ZweierSystem, sehen möglicherweise manche das Bild der Trennung, die in 2022 ebenso wie die Zerstörung in den Partnerschaften mehr und mehr wird. Im Spiel der Zerstörung ist es optimal, wenn sich die Partner früh morgens trennen, am Abend verschiedenen Hobbys nachgehen, sich mit verschiedenen Freunden und Kollegen verabreden, Abends im Bett müde sind vom Tag und in vielen Fällen in verschiedenen Zimmern und Betten schlafen. Am Wochenende gibt es „einen Tag für mich" und „einen Tag für dich". Und im Urlaub darf es gelegentlich ein bisschen mehr sein. Fühle hinein in diese Art der subtilen Zerstörung. Nicht nur der Partnerschaft sondern jedes einzelnen darin.

Im Spiel des Liebens findet auch hier eine vollkommene Umkehrung statt. Aus der körperlichen Trennung wird körperliche Nähe und aus dem körperlichen Freiraum wird energetischer Freiraum. Die Liebe ist die Basis und so schwingt alles in einer Weite, die die meisten von uns noch niemals erlebt haben. Um überhaupt erst einmal ein ZweierSystem im Spiel des Liebens zu leben, musst du GanzSein. Das bedeutet, du musst dich, dein MenschSein, deine Dunkelheit und dein Licht, alles das du bist und warst kennen und erkennen. Du bist frei in dir und fühlst dich vollkommen ganz und unabhängig. Du weißt, dass du alles hast und alles bist. Nicht in deinem Verstand. Nein, jede deiner Zellen vibriert in deinem Freiraum. So und nur so bist du bereit für ein ZweierSystem.

Wir sind auch im Spiel der Zerstörung in ZweierSystemen gewesen. Und du spürst es in diesem Moment, in dem du die Abhängigkeiten und Bedingungen, die Verträge und Vereinbarungen, die in deinem Leben sind oder waren, herbei holst. Viele von uns sind gleich in mehren ZweierSystemen und wundern sich, warum sie sich so zerrissen und ausgelaugt fühlen.

Wenn du also heute und hier entscheidest, in ein ZweierSystem im Spiel des Liebens eintreten zu wollen, dann darfst du zuallererst aus den Systemen und Abhängigkeiten austreten, in denen du dich heute noch befindest. Wir steigen hier nicht tiefer ein, denn das ist genug Stoff für zwei weitere Bücher. In der Tiefe und schnell erfährst du Heilung für deine Systeme in der Meisterschule[14]. Im Kapitel „Familie und Umfeld" findest du Tools für den Klebstoff.

Heute, in 2022 dürfen wir auch im Spiel des Liebens achtsam mit uns selbst und miteinander sein. So gibt es ein WunderVolles Tool - Reinigen des ZweierSystems, welches dich dabei unterstützt, das ZweierSystem von allem frei und sauber zu halten. Ich nehme an, wir benötigen dieses Tool nur noch so lange, bis wir als Menschheit ganz aus dem Spiel der Zerstörung ausgestiegen sind. Auch dieses Tool beschreiben wir nicht tiefer. Weil es derzeit noch nicht so viele ZweierSysteme im Spiel des Liebens gibt.

---

[14] https://loahoku.com/meisterschule

ZweierSystem

Dein ZweierSystem reinigen

Wir sind mitten darin, aus der Zerstörung ins Spiel des Liebens zu gehen. Viel Zerstörung ist entsprechend noch in dir und damit in deinen ZweierSystemen. Um dich freier und leichter zu fühlen, kannst du so oft wie du daran denkst bzw. den Impuls erhältst, dein ZweierSystem reinigen. Du kannst hierfür die üblichen Tools zur Reinigung verwenden oder:

1. Du kehrst mit einem guten Besen alles aus deinem System, welches sich dunkel, nicht nährend, klebrig anfühlt.

Da ZweierSysteme komplexe Gebilde sind und derzeit noch viele Menschen in weit mehr als nur einem dieser Systeme sind, laden wir dich in die Meisterschule ein, die dir den Weg zu einer liebeVollen Partnerschaft im Spiel des Liebens auch auf dieser Ebene leicht macht.

ZweierSystem reinigen

Feiere dein ZweierSystem

Während dein Geburtstag im Spiel der Zerstörung den Einstieg in die Zerstörung markiert, können wir im Spiel des Liebens den bewussten Einstieg ins ZweierSystem feiern.

Alles, das wir feiern, fokussieren und manifestieren, verstärken wir. Also feiere diese Verstärkung deiner Selbst, dein Ankommen im Spiel des Liebens.

Deine Familie, dein Umfeld

Wenn du Lust hast, beschäftige dich mit der Herkunft des Wortes und der Bedeutung von „Familie" und du erkennst schnell, was die Geschichte hinter der Geschichte ist.
Wir verwenden im Folgenden das Wort „Familie" auch dann, wenn wir deine Freunde, deine Kollegen, dein nahes Umfeld meinen.
Nicht nur, dass dieses Wort Familie ein „KunstWort" ist, welches erst irgendwann vor ca. 400 Jahren in einem ähnlichen Sinne wie dem heutigen erschaffen wurde. Wenn wir das Wort an sich ansehen, hängt so viel Zerstörung daran, dass es sich lohnt, dass du die Wurzeln des Wortes und alle Nebenableger sowie das Wort an sich für dich wäscht und bereinigst und das am besten auf allen Ebenen.

Wenn wir die Familie aus dem heutigen Spiel des Liebens betrachten, sehen wir, wie viel Klebstoff und MachtMissbrauch mit dieser Struktur in unserem Leben und Sein fliesst. Kommt das über die Geschichte des Wortes, ist es also eine Art Erbanlage, die das Wort mit sich bringt? Wir wissen es nicht. Und alles, das wir noch nicht genau erkennen, dürfen wir in die Tiefen betrachten.
Natürlich kannst du mithilfe dieser Tools hier deine Familie durchlichten und durchleuchten. Um die Zerstörung in die Tiefen voran zu treiben ist es genau die Familie und das Umfeld, die Freunde, welche viele Menschen als Basis unseres Sein angenommen haben.

Familien und Ahnen Klebstoff

Und gerade im Bezug auf die scheinbare Basis in deinem Leben ist es eine gute Idee, wenn du dir Unterstützung von aussen gönnst, zum Beispiel indem du die tiefsten Dunkelheiten[15] in der Meisterschule ausleuchtest und in Klärung bringst.

Wie bei allen Dingen, die nicht natürlich zusammen gehören, ist es auch im FamilienSystem so, dass wir künstlichen Klebstoff brauchen, damit das System zusammenbleibt.

Klebstoff kann aus x verschiedenen Materialien bestehen.

Die häufigsten Materialien können sein:
- Erlebnisse, Erfahrungen, Situationen, die innerhalb der Familie bleiben sollen („das musst du jetzt niemand anderem erzählen" / „Das bliebt unter uns" etc.)
- „Ich habe all dieses für dich getan und du …"
- Es ist vollkommen selbstverständlich, dass du immer und stets für alle übernimmst, einstehst, da bist für alle
- Dein offenes Ohr für deine Familie ist kein kann mehr, es ist Normalität
- Alte Bilder. Deine Familie sieht deine Veränderung nicht, sie hält an alten Bildern und Situationen fest
- Familienfeiern sind bewusst oder versteckt „Pflichtveranstaltungen"
- Ein Familienmitglied gibt die „Struktur" für alle vor. Alle anderen folgen. Eine solche Struktur kann alles sein. Von den Regeln über das einander „helfen" …
- Respekt
- Rücksicht
- Erinnern an all das, was andere für dich bereits getan haben
- FamilienSprache nutzen - „du bist einer von uns"
- Mit verlassen werden drohen - „wenn du lieber einsam sein willst"
- Darauf vertrauen, dass die Kinder für die Pflege im Alter da sind

---

[15] Das Konzept von Dunkelheit und Licht ist in der Begriffserklärung am Ende des Buches tiefer beleuchtet und in Klarheit gebracht.

- „Wenn du etwas von uns erben willst..."
- Die Übernahme
    - eines FamilienUnternehmens
    - des Familienbesitzes („FamilienErbe")
- ...

Kennst du solche Familien und Freundeskreise, bei denen immer einer „etwas braucht" und die anderen zum helfen kommen? Am weitesten verbreitet ist es dort, wo einer nach dem anderen ein Haus baut. Jeweils immer mit der Unterstützung der gesamten „Mannschaft". Es gibt Menschen, die quasi ihr gesamtes Leben lang Häuser für andere gebaut haben ohne selbst eines zu haben.

Es gibt unzählig viele von diesen Situationen und Klebstoff. Und wenn du jetzt in dein Inneres hineinhorchst, verschiedene Situationen in deiner Familie betrachtest, indem du durch den Filter der Frage „nährt mich dieses oder zehrt es an mir" blickst, erkennst du, wie viele Momente, Situationen und Gewohnheiten alt sind und nicht mehr für dich nährend.

Neben dem Klebstoff gibt es noch die Ketten, die Verträge, die Urkunden, Versprechen, Schwüre, Eide, Flüche und Banne, die du mit anderen in diesem oder / und in anderen Leben vereinbart hast.

Viele Familien haben Familien Wächter[16], die darauf achten, dass die alten Regeln, der Zusammenhalt, das klebrige Konstrukt nicht verletzt werden kann. Denn wie bei allen Systemen gilt, dass das gesamte System ins Wanken geraten kann, wenn auch nur ein FamilienMitglied sich entfernt.

---

16 Wächter können Menschen, Programme, Emotionen, etc. sein. Du findest die exakte Beschreibung in der Begriffserklärung am Ende des Buches.

Und so kannst du den Klebstoff entfernen. Bitte erinnere dich, dass bei allen Tools, welche wir dir an die Hand geben, du immer in deinem System wirkst. Niemals wirkst du in oder mit einem anderen System. Wenn du also Klebstoff entfernst, dann bedeutet das, dass du bei dir die jeweilige Resonanz, den Vertrag, die Verpflichtung etc. Löscht. Was im System entsteht, ist ein freier Platz. Dieser kann entweder bei den anderen Mitgliedern des Systems dazu führen, dass sie selbst den Klebstoff entfernen wollen oder dass sie das Vakuum mit einer anderen Person füllen.

Du bist frei. Und darum geht es. Nur darum.

Klebstoff entfernen

Version 1 um deinen Klebstoff zu entfernen:

Lege dich in ein Säurebad und spüre, nimm wahr, wie all der Klebstoff, der mit deinem System verbunden ist, gelöscht wird. Bleibe so lange im Säurebad, bis du spürst, dass du wieder klar und kraftvoll, frei und verwurzelt in deinem GanzSein bist.

Version 2 - wenn du kontrollieren möchtest, welche Verbindungen und Klebstoffe du löschst.

1. Gönne dir eine Lichtdusche, um ganz in deiner Klarheit und Verwurzelung zu sein.
2. Weite deinen Raum und spüre deine Klarheit, dein GanzSein.
3. Setze dich aufrecht auf einen bequemen Stuhl in deinem Raum
4. Lade alle Situationen, Menschen, Abhängigkeiten, Themen, etc. ein, mit denen du verklebt bist.

5. Lade auch all deine geistigen und kosmischen Teams ein, die dich beim Löschen unterstützen.
6. Nimm die LöschPistole wahr, die mit Säure gefüllt ist und neben deinem Platz steht.
7. Entferne mit der Säure aus der Spritzpistole eine Klebstoff Verbindung nach der anderen.
8. Wenn du Lust hast, lege dich zum Schluss noch einmal in ein Säurebad.

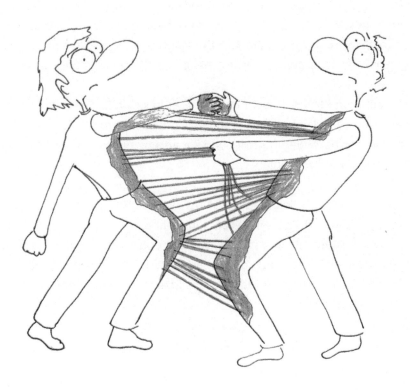

Klebstoff zwischen zwei Menschen

Podeste und Augenhöhe

Eine schöne und weniger schnell sichtbare Version des aneinander Klebens und dabei eine der häufigsten Formen des Macht Missbrauchs innerhalb von Gemeinschaften ist das „auf den Podest stellen". Dieses Tool ist so weit verbreitet, dass es bei vielen bereits „normal" zu sein scheint.

Wir stellen Menschen auf Sockel, Podeste, auf einen Thron. Was dadurch geschieht? Der oben kann sich nicht mehr frei bewegen. Er „hängt" fest und hat keinen Kontakt mehr zu seinen Wurzeln. So „abgehängt" kann er dem anderen scheinbar nicht mehr gefährlich sein.

Der auf dem Podest braucht etwas, bis er in sich fühlt, dass das offensichtliche Lob, dieses „du bist so besonders, ich erhebe dich" ein Gefängnis der besonderen Art ist und Zerstörung pur bedeutet. Manche Menschen merken es nie.

Und immer gilt: Alles, das du selbst wahrnimmst, bist du. Es gibt nichts, das du im Aussen siehst, fühlst, erkennst, das dir fremd ist. Entweder du erkennst, dass das, was du erkennst, eine Resonanz in dir hatte (Vergangenheit), die du erfolgreich gelöscht hast oder du spürst, dass es in diesem Moment des Erkennens noch eine Resonanz hat, die dich zerstört.

Podeste und Augenhöhe

Vom Podest auf Augenhöhe

Das Tool für die Auflösung dieser Art von Abhängigkeiten ist schnell erzählt, denn es ist so leicht, dass du es in dir spüren kannst.

Sobald du erkannt hast, dass du auf einen Sockel gestellt wurdest, gehst du von diesem Sockel herunter und vernichtest den Sockel.

Sobald du erkannt hast, dass du selbst andere auf einen Sockel gestellt hast, schubst du sie vom Sockel und vernichtest den Sockel.

Gleich gültig, wo du stehst und wie tief du scheinbar in einer oder mehreren ungesunden Strukturen „festhängst". Dass du heute hier bist und dieses Buch in deinen Händen hältst, ist bereits der erste (oder fünfte) und auf jeden Fall der richtige Schritt für deine Veränderung.

Du bist Schöpfer. Und alles, das du in der Zerstörung erschaffen hast, kannst du im Spiel des Liebens verändern und für dich einsetzen.

Vom Podest auf Augenhöhe

Namen und Titel löschen

Ein Wundervolles Tool, welches du nicht nur in deiner Familie anwenden kannst, um den Klebstoff, Abhängigkeiten, vermeintliche Hierarchien oder alte Muster, Gewohnheiten und Verhaltensweisen zu löschen ist es, dass du die Namen und Titel von den Menschen ablöst. Das Tool an sich ist sehr leicht und einfach anzuwenden.

1. Stelle oder setze dich aufrecht hin.
2. Gönne dir eine Lichtdusche.
3. Mach deinen Raum groß, wenn du willst, begib dich in deine EnergieBlase.
4. Rufe nun die Menschen in deinen Raum, deren Titel / Namen / etc. du verändern willst.
5. Sie kommen durch ein Lichtportal, welches sie energetisch neutralisiert für dich.
6. Sprich nun zu ihnen: „Ich lösche hier uns jetzt alle Abhängigkeiten, Verbindungen, Verstrickungen, jede Form von Klebstoff und Übergriff und alles, das direkt oder indirekt, offen oder latent damit im Zusammenhang ist. Ich nenne dich ab jetzt bei deinem Namen [setze den Namen]. Danke danke danke.
7. Wenn du fertig bist, spüre noch einmal nach, fühle den neuen Freiraum in dir.
8. Entlasse alle und speichere den neuen Freiraum in dir über 5 tiefe Atemzüge in jeder deiner Zellen.
9. Sei konsequent und bleibt dran. Erzähle nun nicht mehr über „Mama" sondern über [ihren Vornamen], nicht mehr über „Papa" sondern über [seinen Vornamen].
10. Frei. Bist du. Jetzt

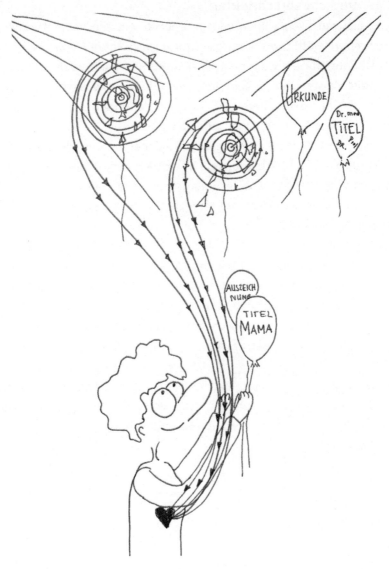

Namen und Titel löschen

Liegende Acht zerschneiden

Du kannst mit allen Zahlen wirken, ebenso wie alle geometrischen Formen pure Göttliche Wirksamkeit für unser Sein und Leben haben. Hier ist Raum für ein weiteres SpieleToolBuch und einstweilen kannst du in die Meisterschule[17] kommen, wenn du mehr wissen willst. Wir haben hier nur einige herausgepickt, von denen wir die Weite und Leichtigkeit der Anwendung besonders schätzen.

Die liegende Acht kann dein täglicher Begleiter werden, denn mit ihr kannst du dich von Verbindungen, Verstrickungen, Bannen, Versprechungen, etc. lösen, die aus der Zerstörung entstanden sind.

Sie dient dir schnell und hochwirksam bei
- Konflikte aller Art
- Gefühl der
    - Abhängigkeit
    - Übergriffigkeit
    - Machtmissbrauch
- Dramen zwischen zwei Menschen
- Geschichten / Lüge / Betrug, etc.

Mit dem Tool der liegenden Acht kannst du schnell und leicht wahre Wunder in deinem Leben erleben. Und wenn du einen Boost für das Tool möchtest, gibt es den FrequenzBoost liegende Acht. Wunder sind hier garantiert. [18]

---

[17] https://loahoku.com/meisterschule

[18] https://loahoku.com/frequenzboost/#frequenzboost-infinity

Liegende Acht zerschneiden

1. Stelle oder setze dich aufrecht hin.
2. Gönne dir eine Lichtdusche und erde dich gut.
3. Mach deinen Raum groß, wenn du willst, begib dich in deine EnergieBlase.
4. Stelle dir vor, wie die Situation, der Mensch, die Geschichte, um die es geht, von der du dich befreien möchtest, vor dir auftaucht.
5. Stelle dich in einen Bauch einer liegenden Acht.
6. Bitte dein Gegenüber, sich in den anderen Bauch der liegenden Acht zu stellen.
7. Sprich nun „ich löse mich vollkommen und auf allen Ebenen, in allen Zeiten, Räumen und Dimensionen von [Vorname, Name] und allem, das mit dieser Situation und allen ähnlichen Situationen zusammen hängt.
8. Schneide nun die liegende acht entzwei und spüre deinen neu gewonnenen Freiraum.

Sprache und Wirksamkeit

Die Sprache ist eines unserer wirksamsten Tools.
Was wir denken, sprechen wir zu uns selbst. Diese Gedanken wirken auf unsere Zellen, all unsere Elektronen und unser gesamtes System wie eine Programmierung.

Schliesse kurz deine Augen und verbinde dich über deinen Atem mit dir selbst.
1. Wie sprichst du mit dir selbst?
2. Über dich?
3. Über das Leben?
4. Über andere?
5. Wenn du das, was du mit dir selbst sprichst, auf einer Skala von 1-5 (1 am wenigsten, 5 am meisten) bewerten willst: Bist du mit deinen Gedanken, deinem Selbstgespräch gut mit dir selbst, bist du im Sinne des Spiel der Liebens ausgerichtet?

Welche Antwort sich dir auch immer zeigt. Du musst sie nicht bewerten oder verändern. Nimm die Antwort einfach als das was sie für dich sein kann. Ein weiterer Meilenstein in deinem Spiel des Liebens. Denn nur, wenn du dich selbst kennst und bewusst wahrnimmst, hast du die Möglichkeit aus diesem entweder das Gleiche wieder zu tun oder aus der Erkenntnis dein neues Spiel zu erschaffen.

In meinem Leben gab es viele Jahrzehnte, in denen ich am liebsten nicht in meiner Muttersprache deutsch kommunizierte. Sicherlich kennst du auch den ein oder anderen, dem das so geht. Die geistige Welt sagt: „du wächst, entfaltest dich, veränderst, löscht und löst nur in der Sprache, in der du als Kind gesprochen hast. Deine Muttersprache ist der Schlüssel zu deinem hohen BewusstSein, zu deinem MenschSein, zum Spiel des Liebens."

Natürlich macht das Sinn, denn wir lösen immer an der Wurzel. Und diese Wurzel hat eine Verknüpfung zu unserer Sprache. Wir können sie also noch weniger schnell bis gar nicht erkennen, wenn wir in einer anderen Sprache danach suchen. Du wirst jetzt möglicherweise sagen, dass dein Englisch (Japanisch, Griechisch, Türkisch, was auch immer) perfekt ist. Und ich sage dir, im Bezug auf deine Dramen und

Themen, die du erlösen willst, macht das keinen Unterschied.
Wir haben viele Kunden, die bereits durch unzählig viele Programme in englischer Sprache gegangen sind und seit Jahren „auf dem Weg in ein höheres Bewusstsein" sind. Kannst du dir vorstellen, wie begeistert sie sind, wenn sie feststellen, dass die Sprache ein Schlüssel ist, um die Themen endlich gänzlich zu löschen, anstatt sie stets vor sich herzuschieben?
Wenn du also auch zu den vielen gehörst, die sich wundern, warum sie auf der Stelle zu treten scheinen, könnte dieses ein wichtiger Punkt für dich und dein Entfalten sein.

Die deutsche Sprache ist eine Sprache der Tiefe. Jedes Wort, welches wir verwenden, beschreibt bestens das jeweilige Gefühl, das damit einhergeht. Ich liebe es mittlerweile, die deutsche Sprache zu erforschen, in die Worte hineinzuführen. So viele Wunder stecken in jedem unserer Worte. Wenn du aufmerksam liest, weisst du, dass ich eine „eigenartige" nicht immer Regelkonforme Schreibweise habe. Ich bin der Überzeugung, dass wir durch die Art und Weise, wie wir Worte schreiben, das, was wir ausdrücken möchten, betonen können. So wirst du es häufig sehen, dass ich Adjektive gross schreibe, zusammengesetzte Worte in ihrer Mitte gross schreibe, etc. Ich lebe in meinem Schreiben und Sprechen die Weite unserer Sprache und geniesse das Gefühl, welches in den Worten schwingt.

Wie nutzt du die Sprache und erkennst du die Feinheiten, die Geschichten hinter den Geschichten?

Dass die deutsche Sprache immer mehr verwässert, passt zum Ende des Spiels der Zerstörung. Denn dort, wo alles zerstört ist, alles zerstört wird, ist die Trennung am grössten. Die Trennung von Mensch und MeisterKristall oder anders ausgedrückt: Wenn du hinein fühlst in die heute verwendete Sprache, bemerkst du es sofort. Das Dissoziieren von uns selbst ist weit fortgeschritten. Unzählig viele Halbworte, aus dem Englischen, Japanischen oder anderen Sprachen eingedeutschte Worte, Abkürzungen, usw. kleiden oder soll ich eher sagen, vermindern unsere Kommunikation.
Diese Art von Sprache bewirkt, dass wir mehr und mehr auf Abstand

gehen zwischen dem Gesprochenen / Gehörten und uns selbst. Wie genial ist diese Pointe des Spiels der Zerstörung.

Ich könnte hier noch ewig schreiben, denn über die Sprache manifestierst du, holst du dir das Neue oder belässt das Alte in deinem Leben. Sprache ist entsprechend ein großes Thema in dieser unserer WandelZeit und findet einen wichtigen, fast schon einen zentralen Platz in der Meisterschule[19].

---

[19] https://loahoku.com/meisterschule

Epigenetik, Erbanlagen von Worten, Plätzen, Situationen

Kann ein blosses Wort beschmutzt sein vom Spiel der Zerstörung? Können Situationen, Plätze, Häuser, Wohnungen etc. Erbanlagen der Vorbesitzer haben?
Natürlich!
Wir sind tief ins Wirken gegangen in den vielen tausenden von Jahren im Spiel der Zerstörung. Und wie wir heute sehen, alles und wirklich alles ist durchzogen und durchleuchtet von Zerstörung und dem, was wir darunter verstehen.

Sieh dir das Wort **Liebe** an. Schreibe es dir auf dein Blatt und stelle dich darauf. Siehst du, spürst du, wie viel Schmutz, Missbrauch, Verachtung, Machtausnutzung, etc. darin gespeichert sind?
Wie sieht es mit deiner Wohnung aus, Situationen in deinem Leben? Erkennst du, dass unzählig viele nicht wirklich mit deiner Essenz, im Flow deines Lebens und Liebens schwingen?
Je nachdem, wie du dir dein Leben vorgenommen hast, befinden sich in deinem aktuellen Spiel mehr oder weniger dieser verklebten und im Spiel der Zerstörung feststeckenden Materie.

Wie bei allem gilt, dass du erkennst, welcher Anteil direkt aus deiner Essenz kommt und welcher Anteil mehr oder weniger offensichtlich nicht deiner ist und entsprechend „vererbt" ist.
Stell dir vor, du kommst in eine neue Wohnung, die bereits seit 20 Jahren vermietet ist.
Wenn du spürig bist, erkennst du bereits innerhalb von Minuten, welche Geschichte in dieser Wohnung ist. Was die einzelnen Plätze und Zimmer in der Wohnung an Eigenschaften, Erbanlagen haben. Wenn du unbewusst bist, kann es sein, dass du nach einiger Zeit in der Wohnung zum Beispiel KrankheitsSymptome zeigst, die du dir nicht

erklären kannst und die beim Beleuchten des Wohnungs Stammbaumes in Klärung gehen können.

All dieses ist nichts, das dir Angst machen muss, denn im Spiel der Zerstörung haben wir tausende von Jahren unbewusst mit all diesen Themen und den Ablegern davon gelebt. Und nun ist eine neue Zeit, die Frequenzen und Möglichkeiten sind unbegrenzt und du hast alles, das es dir ermöglicht, dein Leben vollkommen neu zu gestalten.

Indem du also die Erbanlagen, die vererbten Themen und Situationen löschst, wirst du sofort spüren, wie leicht sich nun deine Worte anfühlen, wie unbesetzt deine Wohnung „plötzlich" ist, wie frei du dich in deiner eigenen Essenz fühlst.

Worte waschen

Wie so viele unserer Tools ist auch dieses Tool aus deinem Alltag abgeleitet. Dieses dient nicht nur der Schnelligkeit des Verstehens, es dient auch der Schnelligkeit der Wirksamkeit. Denn dort, wo dein Verstand bereits weiss, dass ein Tool funktioniert, macht er den Weg frei. Je lebensnaher also die Tools sind, mit denen du wirkst, umso mehr und umso schneller und tiefer wirst du die Heilung und Transformation erfahren.

Beim Worte waschen kannst du kreativ sein. Stelle dir vorab die Frage, was du als Zusatz im Wasser normalerweise nutzt, um sicher zu gehen, dass die Reinigung so gründlich wie möglich gemacht wurde. Und selbstverständlich gilt, dass du dem noch einen draufgeben kannst. Denn dort, wo du in der Materie eher nicht mit Chlor oder Säure arbeiten würdest, kannst du das auf der energetischen und systematischen Ebene ruhig tun.

1. Bereite also einen Zuber vor, in dem du dein Wasser so aufbereitest, wie es für dich gut ist
2. Lege dir Hilfsmittel wie Bürsten, Dampfstrahler, etc. bereit
3. Bitte, wenn du willst, deine kosmischen Reinigungs Teams zur Unterstützung
4. Hole dir nun Wort für Wort und reinige es.
5. Nach Abschluss kannst du noch einmal einen Test machen, indem du die Worte ansiehst und deine Resonanz darauf in dir spürst. Ist noch eine Resonanz da? Dann lass einfach noch einen weiteren Reinigungsprozess darüber laufen.

Worte waschen

Waschmaschine

Die Waschmaschine ist ein weiterer Allrounder, die du jederzeit und für alles verwenden kannst. Sie funktioniert wie eine gängige Waschmaschine, mit der Ausnahme, dass du ihre Grösse und Funktion, sowie die Reinigungsmittel selbst kreativ bestimmen kannst.

Du kannst alles in die Waschmaschine stecken. Dich selbst, Worte, Plätze, Situationen, etc.

1. Gib das, was du waschen möchtest, in die Waschmaschine
2. Stelle die Knöpfe der Waschmaschine nach deinen Wünschen ein.
   - Welche Schleuderzahl wählst du?
   - Welche Temperatur braucht es?
   - Mit Vorwäsche und Hauptgang oder 30 Minuten Wäsche?
   - Welches Waschmittel wählst du?
   - Legst du ein Tuch bei für besonders intensive Flecken?
   - Braucht es intensivere Reinigung, dann streue auch Domestos, Chlor oder anderes mit in die Maschine.
3. Wenn du möchtest, bitte deine kosmischen Reinigungsteams, mit ihren speziellen Werkzeugen in der Maschine zu wirken.
4. Und dann gehts los. Die Maschine startet.
5. Wenn das Wasser wieder abgelaufen ist, kannst du für dich noch einmal testen, wie deine Resonanz ist.

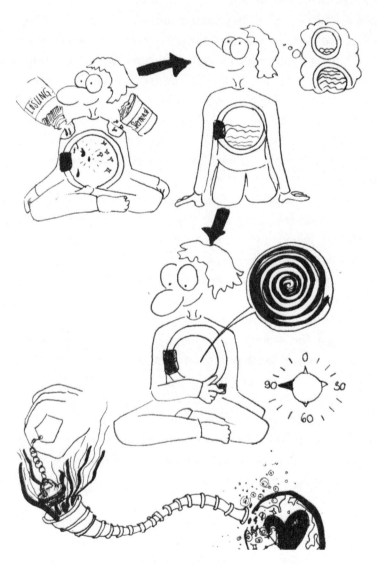

Waschmaschine

Nimm deinen Raum ein

Dieses Kraftvolle Tool ist besonders dann ein WunderVoller Begleiter für dich, wenn du in einem Unternehmen eine neue Position angefangen hast, auf der bereits Vorgänger waren, wenn du einen neuen Partner hast (das gilt auch für Kletterpartner, Berufliche Partner, etc.). Jeder Mensch hinterlässt seinen speziellen energetischen Fussabdruck, der etwas mit den Nachfolgenden macht. Hast du schon einmal versucht, am Strand oder im Matsch oder Schnee im Schuhabdruck eines anderen zu gehen? Dann weißt du, wie wackelig das sein kann.

So ist es auch energetisch. Jeder, der vor dir war, hinterlässt Abdrücke, die dich mehr oder weniger wackelig fühlen lassen können. Das kann so weit gehen, dass du nach wenigen Tagen bereits das sichere Gefühl hast, wieder zu kündigen.

Häufig wundern sich Vermieter, dass die Mieter allesamt nach kurzer Zeit kündigen und tun alles, um die Wohnung zu optimieren. Einmal alle Vermieter energetisch gereinigt, löst dieses Thema für immer. Dasselbe gilt für Arbeitgeber. Reinigt einfach die Stühle derer, die euer Unternehmen verlassen, dann geht ihr sicher, dass ein Mensch im GanzSein nachkommen kann.

Und so funktioniert es:
1. Setze dich bequem hin und gönne dir vorab eine Lichtdusche
2. Setze dich nun in deiner Wahrnehmung auf den Stuhl, in die Wohnung, ins Haus, den Platz, den du reinigen und frei machen möchtest.
3. Lade alle Vorgänger ein, auch die, die du nicht kennst. Du kannst das tun, indem du sagst: „Ich bitte nun, alle Menschen, die bisher an diesem Platz waren, einzutreten und sich zu zeigen"
4. Nimm ihre Verbindungen zu dem Platz wahr und lösche entweder jede einzelne Verbindung, indem du sie zerschneidest

oder mit Säure löst oder gib die gesamte Wohnung, den Platz in ein Säurebad mit der Intention „vollständige Reinigung dieses Platzes findet jetzt statt. Zurücksetzen und Aktivieren der Norm der göttlichen Schöpfung"

5. Du siehst oder spürst, wie der Platz vollständig gereinigt ist.

Nimm deinen Raum ein

Materie reinigen

Wenn du gerne spielst und Zeit hast und sicher gehen willst, dass dein Wort, der Platz, die jeweilige Materie etc. an der Wurzel gelöscht ist, kannst du eine Art Stammbaum erstellen und die einzelnen Vorgänger löschen. Das ist besonders gut geeignet, wenn du Plätze reinigen möchtest. Zum Beispiel hast du ein neues Haus gekauft und fühlst dich so gar nicht wohl darin. Du reinigst also dieses Haus, um deinen Platz einzunehmen. Ganz in diesem Haus anzukommen. Das geht natürlich auch bei allen anderen Gebrauchsgegenständen wie Kleidung, Autos, etc.

1. Du listest alles auf, das bis hierher entscheidend war. In unserem Beispiel listest du alle Vorbewohner auf. Sei so gründlich, wie es dein System wünscht.
2. Wenn du fertig bist, streichst du jeden einzelnen Vorbewohner mit einem X aus. Und spürst, wie du energetisch Raum und Platz schaffst. (Wenn wir etwas feiner in unserem Umgang sind, wirst du sicherlich einige Dankeschön von den Vorbewohnern erhalten, denn jeder Mensch freut sich, wenn er nicht an vielen Plätzen auf einmal ist.)
3. Setze dich selbst, deine Familie, deine Mitbewohner nun in das Haus und bekräftige deine Entscheidung dein „ich bin hier in diesem Haus." Durch ein N, welches du über deinen Namen zeichnest.

Materie reinigen

Pentagramm

Ein wundervolles Tool, welches du immer dann verwenden kannst, wenn du einen Raum, dein Essen, dich selbst, Materie in jeglicher Form reinigen möchtest. Das Pentagramm hat so unzählig viel kollektive Wirksamkeit im Gepäck, dass es eines der machtvollsten Tools ist. Entsprechend respektvoll und achtsam darfst du es nutzen.

Ich verwende es seit vielen Jahren vor allem dann, wenn wir in einem Raum sind, in dem wir MediKlang veranstalten. Schwupsdiwups ist der Raum gereinigt und das ohne, dass alle, die sich darin befinden überhaupt etwas davon mitbekommen müssen.

Und so funktioniert es.

1. Zeichne in Gedanken oder mit deiner Hand ein Pentagramm auf
   1. alle Wände, Decken und Böden des Raumes, den du reinigen willst.
   2. Essen
   3. Getränke
   4. Dich selbst
   5. Das Buch
   6. etc.
2. Wenn du möchtest, kannst du das Pentagramm mit einer Farbe versehen. (Zum Beispiel lila für die Transformation, etc.)
3. Zeichne das Pentagramm immer stehend, indem du links unten beginnst. Zeichne ein Dach. Ziehe dann von rechts unten diagonal nach links oben. Zeichne eine waagrechte Linie nach rechts und verbinde mit links unten. Im Bild siehst du die nummerierte Abfolge. Fertig.

Pentagramm

Kopf und Ego

Du wunderst dich vielleicht, warum wir dem Kopf und dem Ego ein gemeinsames und vor allem ein ganzes Kapitel widmen.
Im Spiel der Zerstörung kann das Ego nicht ohne den Kopf und der Kopf kann nicht ohne das Ego. Die beiden nähren sich, ergänzen sich, hängen zusammen wie Siamesische Zwillinge. Im Spiel der Zerstörung sind der Kopf und das Ego das zentrale Element. Wir könnten sogar sagen, ohne unsere Verwirrung im Denken und Sein gäbe es keine Möglichkeit der Zerstörung.
Viele Menschen bewundern und hängen noch immer fest in „alten Zeiten" wie zum Beispiel der Zeit von Atlantis.
Was meinst du, wären wir nicht in tiefer Freude und Liebe noch immer in der atlantischen Zeit, wenn diese so perfekt gewesen wäre, wie wir sie hoch jubeln? Eben. Das selbe gilt übrigens auch für Lemurien, die ägyptischen Hochkulturen, die Zeit der Essener, etc.

Wir haben die Gnade, heute hier zu sein und eine Welt, uns selbst zu erschaffen, wie es die Erde niemals zuvor gesehen hat. Dafür dürfen wir die alten Konzept loslassen. Lemurien war gut und konnte nicht auf Dauer funktionieren, denn ohne Wurzeln, ohne MenschSein kein Leben auf dieser Erde. Atlantis war der Beginn des KopfMenschen. Bereits hier ging es hauptsächlich um die Frage „was ist alles möglich hier auf dieser Erde". Technisch und materiell betrachtet war dieses der Start für alles, das heute ist.

Nach so vielen Jahren der Übung in der Zerstörung scheint es für viele von uns so zu sein, als ob der Kopf, die Gedanken, das Ego sich vollkommen verselbständigt haben. Weder anatomisch noch energetisch ist es möglich, dass dein Kopf dich regiert. Es ist schlicht nicht möglich, es sei denn, du tust täglich alles, um ihn zu nähren, sodass er fett und groß ist und sich wichtig fühlt.

Was der Kopf mit dem Ego zu tun hat? Das Ego ist aus dem Denken entstanden. Es ist sozusagen ein Nebenprodukt, ein Abfallprodukt des VerKopften Sein.

Aus der Angst, nicht zu wissen wer wir sind in Kombination mit unserem Gefühl der Einsamkeit personifizieren wir die ganze Welt und alles, das darauf und darin ist. So auch unseren Kopf (unsere Programmierung unseres Rechenzentrums), wir haben ihn als eine Persönlichkeit erschaffen. Uns in Abhängigkeit zu ihm begeben. Die es zu erkennen und aufzulösen gilt. Im Spiel des Liebens braucht es keine Abhängigkeiten mehr. Denn indem wir fühlen, dass wir Teil des kristallinen Gitternetzes sind, also vollkommen und gleichermassen abhängig, müssen wir uns als Menschen nicht mehr an andere oder an Dinge / Situationen etc. kleben.
„Cogito ergo sum" / „ich denke, also bin ich". Ein Satz, den du in jeglicher erdenklicher Sprache in dir und um dich löschen und lösen kannst.
Sieh dir dein Gehirn an. Es ist - verglichen mit allen anderen Körperteilen - winzig klein. Es kann weder selbständig laufen, noch atmen. Im Grunde ist es einfach eine Maschine, die du selbst programmiert hast. Ein Computer, der noch auf Basic (das ist eine uralte ProgrammierSprache) programmiert ist und das in einer Zeit, in der sogar HTML bereits als ProgrammierSprache veraltet ist. Ebenso wie ein Computer ist dein Gehirn darauf angewiesen, dass du dich im Rahmen der Programmierungen bewegst. Es ist einfach nicht gemacht, neues zu erschaffen oder gar neues zu erforschen. Dafür reicht die Programmierung nicht. Dein Gehirn lebt auf Basis der Erinnerung. Alles, das du jemals erlebt hast, ist in mehr oder weniger Schubladen fein säuberlich abgelegt. Du hast stets und immer Zugriff darauf, um das, was ist, mit deinen Erfahrungen abzugleichen.

„Was der Bauer nicht kennt, isst er nicht". Dieser Satz mag dir lächerlich erscheinen. Und er ist so wahr. Denn wenn du gelernt hast, dich ausschliesslich auf dein Gehirn, auf deinen Kopf zu verlassen, ist es bereits anstrengend für dich, wenn deine Gabel beim Essen nicht dort liegt, wo du sie gewohnt bist.
Gewohnheiten sind die Sprache des Gehirns. Und das macht bei vielen Dingen Sinn. Es ist gut, dass du nicht jeden Tag aufs Neue lernen musst, wie du deine Zähne putzt oder ein Glas Wasser trinkst. Für dein Leben sind Gewohnheiten wie Fesseln und Gefängnisse. Dein Gehirn ist also der Teil, der sich im Rahmen deiner Programmierungen bewegt und dein Ego ist der Teil, den du erschaffen hast, um dich, dein Sein mit dem Aussen abzugleichen.
Denn natürlicherweise braucht dein Gehirn einen Vergleich, um zu wissen, ob du richtig bist oder nicht. Womit es vergleicht und wie echt das Ergebnis ist, ist irrelevant. Es nimmt einfach willkürlich die Daten, die es zur Verfügung hat, und erstellt damit Statistiken, die du selbst im bewussten und vollständig verwurzelten Zustand nicht besser fälschen könntest.

Dein Ego ist wie das KrümelMonster aus der SesamStrasse. Es braucht stets und immer Nahrung von Aussen. Gemeinsam sind Ego und Verstand ein DreamTeam der Zerstörung. Und genau dafür war das alles perfekt. Je tiefer du für dich selbst entschieden hattest, in die Zerstörung zu tauchen, umso mehr bist du mit deinem Verstand unterwegs. Umso weniger bist du verwurzelt und fliegst wurzellos, suchend und haltlos durch die Welt.
Geht es dir ab und zu so, dass du dich nicht erinnerst, wie du von A nach B gekommen bist? Nun, das ist so, weil du „geflogen" bist. Hast du gelegentlich Unfälle bzw. Flüchtigkeitsfehler? Du kennst die Antwort.

Die Angst, dass wir von einer künstlichen Intelligenz übernommen werden, die die Welt regiert, ist bereits längst wahr geworden, indem wir unseren Kopf und unser Ego so lange personifiziert haben, bis die beiden scheinbar unsere Welt regieren.
Kennst du das Gefühl, du willst etwas verändern und du kannst es nicht? Das Gefühl, dass dein Verstand nicht für dich sondern gegen dich geht? Nun, dann ist das ein sicheres Zeichen dafür, dass es Zeit ist für dich, deinen Kopf und dein Ego auf den Platz zu setzen, auf den sie im Spiel des Liebens gehören. Auf die Reservebank oder noch besser: sende die beiden einfach gleich in Rente.

Nach so vielen tausenden von Jahren in der Tiefe der Zerstörung dürfen wir nun also wieder loslassen. Die Luft rauslassen aus dem aufgeblasenen Ego, den Kopf wieder ins Herz nehmen und uns den wichtigen Dingen im Spiel des Liebens zuwenden.

Das leichteste Tool, damit du aus dem Kopf und Ego in deine Wahrhaftigkeit tauchen kannst, ist der Atem. Es gibt unzählig viele Atem-Übungen, die allesamt gut sind. Und...am schnellsten ist es, wenn du jetzt, in diesem Moment einen tiefen Atemzug nimmst. Atme tief in die untersten Tiefen deines Bauches ein, sodass dein Bauch rund und weit wird. Halte den Atem kurz, spüre die Fülle deines Sein. Spüre dein Herz. Spüre dich und atme dann ganz aus. Solange, bist du leer bist. Dein Bauch zieht Richtung Wirbelsäule und du geniesst einen Moment die Leere, um dich dann wieder mit Genuss neu zu füllen. Wenn du diesen tiefen Atem zwei, drei Mal geniesst, spürst du schon, wie du tiefer und tiefer verwurzelst.

Indem du dich entScheidest, ins Spiel des Liebens zu gehen, findet in dir bereits ein Shift statt.

Deine Entscheidung, dein JA! zu deinem Leben, deinem MenschSein, dein JA! zu deinem Verwurzelt sein im Hier und Jetzt ist das Wichtigste und das Erste, das alles andere in den Flow bringen kann.

Übrigens: Du darfst sowohl zu deinem Kopf als auch zu deinem Ego „grausam" sein. Absolute und vollkommene Ehrlichkeit ist es, die beide auf die „Palme bringt" und entlarvt. Du brauchst diese Klarheit, diese Enttarnung, denn nur wenn du weißt, was du selbst in deiner unendlichen Kraft und Macht erschaffen hast, kannst du die selbe Kraft und Macht für dein neues Spiel, dein Spiel des Liebens verwenden und nutzen.

Also liebe dein Ego, liebe deinen Verstand. Sie sind deine Kreaturen. Wunderbar sind sie. Du darfst das Ganze etwa so sehen, wie alles, welches wir im linearen ZeitFenster erfahren.

Bisher war dein Ego und dein Verstand wichtig, um die Zerstörung zu leben. Nun haben sie keine Aufgabe mehr und werden ersetzt durch deinen MeisterKristall und dein Herz, dein Fühlen und dein MenschSein. Segne sie also und lasse sie los.

Als Kind hast du deine LegoSteine geliebt hast, weil sie dir gezeigt haben, wie kreativ du sein kannst und heute spielst du nicht mehr mit den LegoSteinen sondern erschaffst dein Leben an jedem Tag aufs Neue. Bewusst. In Liebe. Das ist der Flow des Lebens. Gib dich diesem Flow hin.

Wie du nun gesehen hast, funktioniert dein Kopf, dein Ego ähnlich wie alles, das du so aus der Welt der Informatik kennst. Entsprechend funktionieren auch alle Tools aus dieser Welt perfekt für die beiden.

So kannst du also:
- neu programmieren
- Rebooten
- Upgrades einspielen
- Downloads machen
- Neue Programme einspielen
- Zusätzliche Zeilen programmieren, nicht mehr gebrauchte Befehle löschen
- Etc.

Sei kreativ und wisse: Alles, das sich für dich gut anfühlt, stimmt für dich. Einfach so. Weil du ein Meister bist.

Weitere Tools, die dein Ego und deinen Verstand im Zaum halten, dich auf die Erde bringen und dich bei dir selbst ankommen lassen sind unter anderem:

Steine Tool

Das Steine Tool dient dir, dein Bewusstsein zu schärfen. Wie bei vielen Situationen und Ereignissen unseres Alltages ist es auch beim Nutzen unseres Verstandes häufig so, dass wir gar nicht mitbekommen, wie oft wir im Kopf unterwegs sind und uns damit selbst betrügen, blockieren, festhalten, etc.

Um dein Bewusstsein zu schärfen, gibt es dieses einfache und schnell anwendbare Tool für dich, dass bereits nach einem Tag einen perfekten Überblick über dein Sein geben kann UND als Art Trainingstool für dich und dein BewusstSein dienen kann.

1. Um das Tool perfekt nutzen zu können, brauchst du eine Hose oder einen Rock, der zwei Hosentaschen - jeweils rechts und links - hat.
2. Organisiere dir eine oder zwei Handvoll kleiner Steine, Kugeln, Murmeln, alles, das gut spürbar ist und gleichzeitig in eine deiner Hosentaschen passen kann, ist gut dafür.
3. Fülle alle Steine in eine deiner Hosentaschen.
4. Immer wenn du im Spiel der Zerstörung gedacht oder gesprochen hast, also im Kopf unterwegs warst, gibst du einen Stein von einer Seite auf die andere.
5. Am Ende des Tages siehst du, wie häufig du noch im Spiel der Zerstörung und im Kopf warst.

SteineTool

Filme für dein BewusstSein

Wir leben in einer schnellen Zeit. Viele Menschen sagen „ich habe keine Bilder" oder fühlen nicht mehr, worum es geht oder wie es ihnen geht. Das liegt vor allem daran, dass der Verstand gelernt hat, den Film des Lebens so schnell zu machen, dass die einzelnen Bilder oder Gefühle dazu eben nicht sichtbar sind. Das war WunderVoll und so gebraucht im Spiel der Zerstörung, denn dort, wo wir nicht mehr fühlen können, ist die Zerstörung nicht ganz so relevant. Und weil wir wissen, wie der Verstand funktioniert, können wir ihn sozusagen aushebeln bzw. für das neue Spiel einsetzen. Eine gute Möglichkeit, dass du dich erinnerst, Bilder und Gefühle wahrnimmst und erst dadurch für dich verändern kannst, ist es, dass du die Filme in deinem Kopf verlangsamst.

1. Setze dich aufrecht hin und gönne dir eine Lichtdusche.
2. Welche Situation möchtest du klären? Woran willst du dich erinnern? Welches Bild, welches Gefühl suchst du in dir?
3. Gib die Intention ins Feld, indem du sie laut aussprichst oder dir vorstellst.
4. Stelle dir nun vor oder nimm wahr, wie vor deinem geistigen Auge der Film deines Lebens genau zu diesem Zeitpunkt, den du gesucht hast, startet.
5. Verlangsame den Film, indem du so lange auf „slow down" drückst, bis der Film einzelne Bilder zeigt
6. Sieh die Bilder an und spüre in dir die Resonanz.
7. Um den Film, das Bild, das Gefühl, zu verwandeln, stelle dir vor, wie du die entscheidende Stelle aus dem Film schneidest und durch eine neue ersetzt.
8. Test zuletzt noch einmal den Film, ob alles für dich passt.

Filme für dein BewusstSein

Ego an die Leine nehmen

Wir können mit unserem Kopf und Verstand spielen, ebenso wie wir es in Computer Spielen kennen. Dort, wo die Programmierung deines Verstandes sehr absehbar und vorhersehbar ist, ist sie im Leben eher hinderlich, im Spiel und als Spielgegner sind dein Kopf und dein Ego ein Traum, weil du sie berechnen kannst.

Je mehr du die Geschichten und Dramen, die dein Ego braucht, als Spiel sehen kannst, umso weiter ist dein Raum, aus dem unendlich viel Kreativität und Liebe strömen kann, die du für dein Leben verwenden kannst. Wenn du dein Ego an die Leine nimmst, kann es sozusagen unter kontrollierten Bedingungen ausflippen. So kann es dich nicht in deinem Sein behindern und trotzdem hat es das Gefühl von Freiraum und muss sich nicht unkontrolliert Raum schaffen.

1. Zunächst erschaffst du deinem Ego einen festen Raum
2. In diesem Raum gibt es einen Pfeiler, an dem du eine Leine befestigen kannst.
3. Der Raum hat ein Fenster, sodass du jederzeit von aussen in den Raum sehen kannst, um zu beobachten, wie dein Ego herumläuft, tobt, sich groß oder klein macht. - So vergrösserst du das Gefühl von Dissoziation zu deinem Ego.
4. Wenn sich dein Ego langweilt und dich durch lautes Ausflippen oder an die Türe treten bei dir bemerkbar macht, dich stört, kannst du Stöckchen werfen, ihm Aufgaben geben, die es wieder beschäftigt halten.

Ego an die Leine nehmen

Kopf auf die Ablage legen

Mein persönliches LieblingsTool, welches wir in der Meisterschule immer und immer wieder verwenden ist es, den Kopf auf die Ablage zu legen. Denn sobald der Kopf nicht mehr „oben auf ist" sondern auf der Hutablage oder in einer Schublade ruht, können Wunder der Transformation und Heilung geschehen. Und ich bin ein echter Fan von schnellen und leichten Ergebnissen, auch deshalb ist dieses Tool so ein Schatz für mich.

Immer dann, wenn du das Gefühl hast, dein Kopf ist zu mächtig, du fliegst, du bist nicht mehr klar, du brauchst schnell einen klaren Gedanken oder einen Impuls, kannst du deinen Kopf auf die Ablage geben. Hierzu brauchst du weder eine Lichtdusche vorab noch sonst etwas.

1. Du stellst dir einfach vor oder sprichst laut oder leise zu dir selbst: Kopf auf die Ablage. Jetzt sofort.
2. Im selben Moment siehst du, wie der Kopf auf deine Hutablage gelegt ist.
3. Wenn du sicher sein willst, kannst du ihn auch in eine Schublade hineinlegen oder eine schöne Hutbox kreieren.

Kopf auf die Ablage legen

Ego aushungern

Die geistige Welt sagt: *Du musst nicht glimpflich mit deinem von dir erschaffenen Ego umgehen. Du hast es erschaffen. Es ist eine Kunstfigur. Es existiert nicht. Also töte es auf alle erdenklich möglichen Arten und Weisen.*

Du hast einen Überblick über einige Möglichkeiten erhalten, wie du ein Ego tötest, kannst du selbst bestimmen. Ermorde es langsam mit Gift oder indem du es erwürgst, erschiesse es oder lasse es durch eine Bombe explodieren, schneide ihm den Kopf ab oder ersteche es. Sei kreativ und wisse: Alles, das du selbst erschaffen hast, kannst du auch selbst „töten".

Unsere Kunden lieben es, das Ego auszuhungern. Das geht ganz leicht.

1. Stelle dir vor, wie du eine Kiste - möglichst klein - erschaffst.
2. Je nachdem, ob du das Aushungern beobachten willst oder nicht, kannst du die Kiste abgeschlossen oder mit Fenstern / Stäben ... erschaffen.
3. Setze dein Ego hinein.
4. Bringe an allen Aussenwänden die Erinnerung an dich selbst an, Schilder, auf denen du stehst: „bitte nicht füttern"
5. Immer wenn dein Ego besonders laut zu sein scheint, dein Kopf eine Geschichte nach der anderen produzieren will, blickst du auf die Kiste und dein Ego, welches schwächer und schwächer und schwächer... tot ist.

Ego aushungern

Die Angst und wofür sie sein kann (oder auch nicht).

Angst ist eines unserer Grundgefühle. In ihrer ursprünglichen Form dient die Angst Sinne schärfend, körperliche Kraft aktivierend als Schutz- und Überlebensmechanismus, der ein adäquates Verhalten einleitet. (Fight-or-flight).

Laut einer Studie aus 2021 haben im deutschsprachigen Raum 25% der Menschen eine Angststörung. Angst, die sich weit entfernt von realen Gefahren bildet und so den Alltag zu beherrschen scheint. Angst scheint in 2022 „in" zu sein. Zeit, dass sich dieses wieder verändert.

Spüre einmal in dich. Siehst du die Verbindung, das Gefühl von „WIR", welches durch die Angst zu entstehen scheint? Ist es wohl so, dass besonders im deutschsprachigen Raum das scheinbare Leiden und die vermeintliche Angst verbindet?
Frei nach dem Motto: „wenn wir schon nichts gemeinsam haben, dann doch zumindest die Angst".
Die Angst ist ein AllesKönner, um die Zerstörung tiefer und tiefer in die Erde zu treiben. In dieser Funktion kann sie gleichermassen „Heilsbringer" sein, denn dort, wo die Angst an ihre Grenzen gekommen ist, geht es neu weiter.
Wusstest du, dass es im Englischen das Wort „German Angst" gibt? Es beschreibt die Angst vor Veränderung, die Angst vor dem AlleinSein, die Angst vor der Sichtbarkeit, die Angst vor dem nächsten Schritt, die Angst vor dem Unbekannten, die Angst vor uns selbst. Ausdruck findet die Tiefe dieser Angst unter anderem in der immer noch steigenden Anzahl von Versicherungen, Schutzvorrichtungen, Regularien, etc.

Zu keinem Zeitpunkt waren wir vermeintlich so gut geschützt vor allem, wie heute. Und doch kann uns keiner vor uns selbst schützen. Und auch das ist gut so.
Die geistige Welt sagt:
„Dort wo die Angst ist, ist auch deine Meisterschaft. Dort wo du Angst empfindest, ist der erste Schritt auf deinem Weg des Fühlens, der erste Schritt auf deinem Weg im MenschSein.
Es ist Zeit, all jenes, welches du erschaffen hast, nach Hause zu holen."

Jeder von uns hat Angst. Das ist vollständig „normal" im Spiel der Zerstörung. Wie bereits gesagt. Nichts zerstört subtiler und tiefer als die Angst. Nichts trennt und beurteilt so wie die Angst. Es ist bis heute das wichtigste Gefühl der Zerstörung überhaupt gewesen. Die Angst ist deine Kreatur. Sie ist für dich. Immer und stets. Du hast sie erschaffen. Also nimm sie jetzt an, damit Veränderung geschehen kann. Entscheide dich für das Spiel des Liebens und erfahre im selben Moment, wie ein großer Teil deiner vermeintlichen Ängste, sich einfach so in Luft aufzulösen scheint. Angst schmeichelt dem Ego. Der MeisterKristall braucht nichts, um groß zu sein. Angst ist ein Gefühl, welches wir nicht in das Spiel des Liebens hinüber nehmen.

Gönne dir ein, zwei Minuten. Wo ist deine Angst? Ist sie überall, in all deinen Zellen? Dann erlaube es der Angst sich in dir zu zentrieren. Wo ist deine Angst jetzt? Wie fühlt sie sich an?
Gehört die Angst zu dir? Oder hast du sie von andern übernommen? WoFür dient sie dir?
Wenn du der Angst direkt in die Augen, direkt in ihr Herz blickst, erkennst du, wie sie dir gedient hat.

Sie ist dein Freund, hat dich bewacht und davon abgehalten, du selbst zu sein.

Und das ist gut so, denn im Spiel der Zerstörung dient es nicht, wahrhaftig zu sein. In deiner Kindheit hat die Angst dir gedient in tausenden von Situationen. Heute dient sie dir, denn sie lässt dich Muster wiederholen.
Fühle hinein ins Spiel des Liebens. Wozu brauchst du die Angst in diesem neuen Spiel? Brauchst du sie überhaupt?
Erkenne sie an als das, was sie für dich war. Dein Schutz, dein Heimathafen, etc. Und dann entlasse sie, lasse sie los und spüre, wie die gesamte Energie, die in der Angst gebunden war, dich füllt und wieder auf dem Boden ankommen lässt:
Rufe diese und alle anderen Ängste in den Raum, in dem du dich befindest. Du musst sie nicht alle beim Namen nennen. Bei einigen genügt es auch, einfach nur die Türe in dir offen zu halten, damit sie hineingehen können.
Erkenne den Nutzen deiner Angst, bedanke dich bei dir selbst, dass du so kreativ erschaffen kannst. Du bist ein so großer Gott!
Entlasse sie dann auf allen Ebenen. Spüre, wie du der Angst die Auswahl gibst, entweder eine neue Aufgabe für dich im Spiel des Liebens zu übernehmen oder ganz zu gehen. Erfreue dich an der deutlich spürbaren Erleichterung, die sofort entsteht. Geniesse die hohen Frequenzen und die Kraft, die sofort zu dir fliessen, weil sie in der Angst gefangen waren.

Angst kannst du übrigens nur dann haben, wenn du nicht auf der Erde bist, also fliegst. Wenn du gut verwurzelt bist, daheim bei dir angekommen und in dir in Balance bist, hast du keine Angst. Denn Angst braucht Vergangenheit oder Zukunft und wenn du ganz bei dir bist, lebst du weder das eine noch das andere. Entsprechend ist eines der wirkungsvollsten Tools für überzogene Angst, dass du dich in die Erde legst.

Und wie bei allem gilt auch hier. Das rechte Mass schenkt dir Raum und Freude, Leichtigkeit und Entwicklung.
Die Angst in gesunder Form gehört zu dir wie auch der Neid, der Hass und die Freude. Und wenn du einmal nicht sicher bist, ob oder ob nicht gerade die gesunde Form der Ängste da ist, kannst du sie einfach durchschütteln und durch die LichtDusche geben.

Wichtig ist es im Spiel des Liebens, dass wir alle unsere Weite der Gefühle leben, so wie sie da sind. Denn nur so können wir schnellstmöglich verändern. Bist du bereit?

Hast du Lust, die gesamte Klaviatur deiner Gefühle zu spielen? Dann lade ich dich ein zu einer meiner LieblingsGeschichten, die ich vor vielen Jahren gechannelt habe.

Du bist hier, um zu fühlen

Spiele die Klaviatur deiner Gefühle

Eine Mutter lebt im Wald mit all ihren Kindern. Mut und Hass, Liebe und Eifersucht, Freude und Neid, Sucht und Potenzial, Geiz und Mitgefühl, Wut und Balance, ja die gesamte Bandbreite der menschlichen Gefühle und Möglichkeiten leben gemeinsam unter einem Dach.

Eines Tages sagt die Mutter: "Ich möchte nicht mehr, dass ihr hier mit uns unter dem selben Dach seid, Hass, Neid, Eifersucht, Geiz, etc. Ihr stinkt und seid zu nichts nutze. Ich möchte, dass wir uns ab heute am Licht ausrichten. Entsprechend sollen nur noch meine lichten Kinder hier mit mir wohnen."

Kaum hatte sie das ausgesprochen, öffnete sie die Türe und schob alle ihr Kinder, die scheinbar nicht licht genug waren, nach draussen in den Wald und schloss die Haustüre wieder.

Ein paar der Kinder fingen sofort an, zu weinen. Geiz und Hass beruhigten alle, indem sie sagten "sie wird uns gleich wieder einlassen. Sie ist doch unsere Mama und weiß, dass wir zu ihr gehören." Doch nichts dergleichen geschah.

Immer wieder klopften sie an die Fenster und Türen doch die Mutter war nicht zu überzeugen.

Die Kinder wurden immer hungriger und als die Nacht einbrach und es immer kälter wurde, trommelten Hass und Neid, Eifersucht und Sucht immer fester gegen Fenster und Türen. Sie hatten Hunger und Angst, waren kalt und wollten einfach bei ihrer Mama sein.

Plötzlich fiel das Haus in tausend Stücke.

Im selben Moment, in dem es knallte und das Haus zerbarst, fing das Herz der Mutter laut an zu klopfen. Was hatte sie nur getan? Sie hatte einfach ihre Lieben ausgesperrt. Sie setzte sich an den Tisch und weinte.

Liebe und Hass kamen zu ihr und trösteten sie. Und schliesslich sagte die Mutter "Ich habe jetzt verstanden, was es für mich bedeutet, Mensch zu sein. Ich sehe, dass ihr alle zu mir gehört und ich liebe euch alle als meine Kinder. Bitte lasst uns gemeinsam das Haus noch viel schöner erbauen."

Gesagt, getan. Alle gemeinsam brauchten keinen Tag und das Haus war wieder aufgerichtet. Und dieses Mal so schön wie noch nie. Alle hatten unendlich viel Raum in dem Haus und so sassen schon bald der Neid mit der Liebe, um zu spielen, der Hass machte Hausaufgaben mit der Glückseligkeit, und und und. Alle waren glücklich und die Mutter spürte eine Leichtigkeit, die sie noch nie erlebt hatte.

Es wurde dunkel und hell. In ihr und um sie und sie kam mehr und mehr auf der Erde an. Tief verwurzelt in ihrem Sein lebte sie gemeinsam mit ihren Kindern das GanzSein.

Sie hatte erkannt, dass Liebe alles ist.

KraftVoll und im Frieden war sie nun wie niemals zuvor. Und so leben alle noch jetzt.

Spiele die Klaviatur deiner Gefühle

In der Erde baden

Dieses Tool kannst du immer dann nutzen, wenn du Erdung, UrVertrauen, Ruhe, Kraft, Liebe, Balance, Ausgleich, brauchst. Du kannst es nutzen, um einfach aufzutanken, wieder klar zu sein, zuhause bei dir anzukommen. Wenn du es ein paar Mal aus der Ruhe heraus geübt hast, wirkt es innerhalb von Sekunden für dich.

Verbinde dich mit deinem Atem. Lege deine Hand auf dein Herz und spüre, wie dein Atem ein und ausfliesst. Du musst nichts verändern oder bewerten. Spüre einfach deinen Atem. Setze oder lege dich auf deinen Atem und ziehe auf ihm wie auf einer Welle nach unten. Durch deine Beine, deine Füsse, deine Wurzeln ziehst du immer tiefer bis du ins Herz von Mutter Erde gelangst. Docke hier an und lege dich hinein in die Erde. Spüre die Erde auf deiner Haut. Nimm wahr, wie du gehalten, getragen bist. Spüre, wie die Liebe und die Kraft, die Wärme und die Dunkelheit aus der Erde sich vollkommen mit dir verbindet. Deine eigene Kraft, Wärme, Weite und Weiblichkeit wird aktiviert. Deine Weiblichkeit, die Liebe in dir wird aktiviert. Du spürst, dass die Materie deines Körpers und die Materie von Mutter Erde eins sind. Sinke immer tiefer und tanke auf solange du es brauchst. Wenn du gefüllt bist, lasse deinen Atem wieder tiefer werden, bedanke dich bei dir, spüre deine Kraft und sei da. Mensch. Bist. Du. Jetzt.

In der Erde baden

Angst und das Surrogat

1. Suche dir ein Stofftier aus, das dich an deine Angst erinnert und ihr scheinbar am besten entspricht.
2. Segne das Stofftier und setze es ganz bewusst auf den Platz deiner Angst.
3. Schau und fühle genau hin.
    1. Wie fühlt es sich an?
    2. Was will es dir sagen?
    3. Wofür dient es dir?
    4. Brauchst du diese Art von Dienst heute noch oder ist er mit deinem Erwachsen Sein hinfällig geworden?
4. Wenn du die Angst noch brauchst, dann nimm die in deine Arme, liebkose sie und nimm sie und damit dich ganz an. Spüre, wie sie in dein Herz fliesst.
5. Dient die Angst dir heute nicht mehr? Dann kündige ihr. Entweder du sprichst die Kündigung klar und deutlich aus oder du schreibst deiner Angst eine formelle Kündigung. Und dann? Lasse sie los und lasse sie ziehen.
6. Wenn du die Angst gelöst und gelöscht hast, entbinde das Surrogat, dein Kuscheltier von der Angst, indem du dir vorstellst, wie alles, das mit der Angst zu tun hatte, in die Erde abfliesst.

Angst und das Surrogat

Mehrere Ängste entlassen.

- Erde dich gut, stelle dich mitten hinein in deine Lichtdusche und spüre die Reinigung deines gesamten Systems auf allen Ebenen, in allen Dimensionen, Zeiten und Räumen. Setze dich so frisch gereinigt in die Mitte des Raumes auf deinen Thron.
- Spürst du deine Wurzeln?
- Fühlst du dein weites System, deinen Raum um dich herum?
- Sobald du dich richtig gut fühlst, lade all deine Ängste ein in deinen Raum.
- Sie kommen durch eine Lichtdusche, die den Staub der Strasse, das Kollektiv löst und löscht, sodass sie bereits tiefen gereinigt bei dir ankommen.
- Sieh jeder der Ängste in die Augen und öffne dein Herz weit.
- Mit welcher Angst willst du von heute an weiter gehen, für welche Angst ist es nun Zeit, sie zu verlassen?
- Nimm dir alle Zeit, die du willst und entscheide für jede Angst den nächsten Schritt.
- Entlasse dann die Ängste, die du nicht mehr brauchst in den Urlaub, ins kristalline Gitter oder sonstwohin.
- Die Ängste, die du behalten willst, atme in dein Herz und fühle die Fülle in dir.

Angst drehen

Dreh die Angst auf die andere Seite der Dualität. Was ist die Angst im Spiel des Liebens? Kannst du sie so wie sie ist, annehmen?

Angst drehen

Lichtdusche

Die Lichtdusche ist der Allrounder unter den Tools. Wir verwenden sie bereits seit mehr als einem Jahrzehnt. Du kannst sie quasi überall und immer einsetzen. Licht ist deine Quelle, Du bist im Ursprung Licht. Licht und Liebe sind von der selben Qualität. Licht ist Energie der höchsten Frequenzen und der höchsten Ordnung. [20]
Mit der Lichtdusche kannst du dich jederzeit und an jedem Ort schnell und gründlich, in der Tiefe reinigen und bist innerhalb eines Augenblicks wieder ganz da, verwurzelt, geschützt, geborgen. Sie geht schnell und ist hoch-wirksam. Du kannst die Lichtdusche an jedem Morgen und abends vor dem ins Bett gehen durchführen, um energetisch „sauber" zu sein. Lichtduschen sind auch wunderbar für Kinder, Tiere und ganze Systeme. Licht ist an sich die beste Möglichkeit der Reinigung. Wenn Du das Gefühl hast, es braucht mehr, dann spiele einfach im Feld der Matrix. Es braucht ein Bürstchen? Okay. Reinigungsmittel? Yes. Ein lichtes Wesen soll die Lichtdusche unterstützen? Dann rufe es hinzu. Deiner Kreativität ist keine Grenze gesetzt.

Und wenn du dir die Lichtdusche zusätzlich als FrequenzBoost [21] gönnst, kann die TiefenReinigung „einfach so" für dich wirken. Weil du es dir wert bist.

---

[20] Neben der Lichtdusche ist es auch eine gute Idee, wenn du auch auf der Ebene der Materie mit Licht wirkst, indem du deinen Körper gut mit Licht versorgst. Halte dich so oft wie möglich in der Natur auf und nähre dich reichlich mit natürlichem Licht und der Sonne. Indem du in deiner physischen Ernährung auf ein mehr an lichter Nahrung achtest, bringst du Licht in dein Sein. Lichte Nahrung ist alles, das aus der Natur kommt und direkt von dir verarbeitet ist. Wie bei allem gilt: Folge dem Maß nicht der Masse.

[21] https://loahoku.com/frequenzboost/#lichtdusche

1. Stelle oder setze dich bequem und stabil hin, sodass deine Wirbelsäule vollständig aufgerichtet ist.
2. Spüre deine Füsse auf dem Boden, nimm wahr oder stelle dir vor, wie deine Wurzeln tief in die Erde ziehen.
3. Atme tief ein und aus. Achte darauf, dass dein Atem auch in deinem Herzensraum fliesst und strömt.
4. Nimm deine Hände an dein Herz setze laut oder leise die Intention: „Lichtdusche für mich aktivieren jetzt"
5. Stelle dir nun vor oder nimm wahr, wie aus der Sonne hinter der Sonne pures göttliches Licht, golden weiss durch deinen Scheitel in dich hinein fliesst, dein gesamtes System ist in einem Moment in Licht gebadet.
6. Nimm wahr, wie das Licht wie eine Dusche in dir und um dich strömt und fliesst und alles reinigt, wäscht, im Licht transformiert, was nicht zu dir gehört.
7. Spüre, wie durch das Licht dein gesamtes System vollständig befreit wird, dein physischer Körper, all deine Chakren, jedes Elektron deines Systems wird gereinigt. Nimm wahr oder stelle dir vor, dass sich deine Merkaba, dein Energiekörper, dein Herzfeld vollständig aufrichtet.
8. Lasse das Licht überall dorthin fliessen, wo du noch Schwere oder Dichte wahrnimmst.
9. Spüre, wie das Licht durch Deine Wurzeln in den Boden fliesst, gleichzeitig durch deine Kopfkrone in den Himmel.
10. Spüre, wie nun Himmel und Erde in dir und um dich verbunden sind.
11. Du stehst fest, verwurzelt.
12. Beobachte anschliessend, wie sicher, stabil und da du dich fühlst.

Je häufiger Du diese Übung machst, umso leichter und schneller bist Du jederzeit gut geerdet und ganz hier und jetzt.

Sie ist - sozusagen - ein „Allheilmittel", das zum Beispiel unterstützt bei:
- Müdigkeit, Abgeschlagenheit, Schlafstörungen
- Depression, Angst, Panikattacken
- Apathie, Sinnlosigkeit
- Konzentrationsschwäche, Strukturlosigkeit
- leichte Reizbarkeit, Aggression
- „fremdbestimmt" sein, sich in seinen Handlungen „fremd" fühlen
- Gefühl von Unwohlsein, beobachtet werden, verfolgt werden, etc.
- Körperliche Symptome wie Kopfschmerzen, Gliederschmerzen, Magen- Darmbeschwerden, Infektanfälligkeit, etc.
- Beziehungsprobleme
- Kommunikationsstörungen
...

Lichtdusche

Löwenlachen

Immer dann, wenn du dich beklemmt fühlst, das Gefühl hast, da ist viel Wut in dir, wenn du deine Stimmbänder befreien willst oder die ein oder andere Angst einfach herausschreien willst, kannst du dir ein Löwenlachen gönnen.

Das Löwenlachen entspannt die Hals und Gesichtsmuskulatur, hilft dabei, Hemmungen abzubauen und dich zum Ausdruck zu bringen und massiert die Schilddrüse. Wenn du Lust hast, gönne dir einfach so an jedem Tag ein, zwei Löwenlachen. Du wirst begeistert sein, was das mit deinem Leben machen kann.

1. Stehe oder sitze bequem und mit aufrechter Wirbelsäule, die Schultern sind entspannt, Hände kannst du wie Löwenpranken von dir strecken
2. Atme tief ein, kippe dabei deinen Kopf nach hinten, strecke deine Zunge aus dem Mund und lasse aus deinem Bauch heraus einen tiefen Ton wie ein Fauchen entströmen.

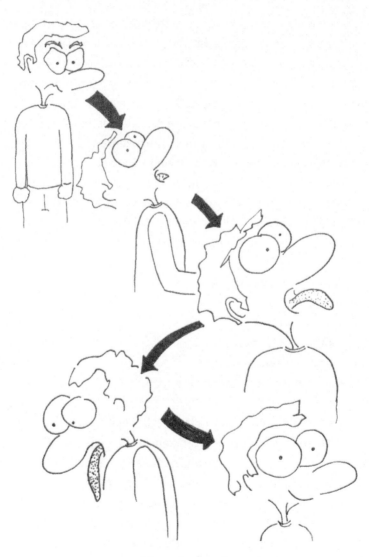

LöwenLachen

Dein Leben ist für dich - Vom Dienen und Sein.

Alles, das jemals in deinem Leben stattfindet oder stattgefunden hat, ist für dich. Es geht ja gar nicht anders, denn all dieses hast du aus deiner Essenz, aus deinem MeisterKristall für dich erschaffen.
Wenn du nun auf dein Leben blickst und sagst: „Moment mal, mein Leben ist eine solche Scheisse, das kann gar nicht für mich sein, ich leide und werde jeden Tag mit anderen Ereignissen und Schicksalen geschlagen", dann ist es Zeit für dich, umzukehren, die Türe zum Spiel der Zerstörung zu schliessen und ins neue Spiel des Liebens zu gehen.
Wir haben immer und zu jedem Zeitpunkt alles, das wir uns wünschen. Wenn wir noch - bewusst oder unbewusst - im alten Spiel der Zerstörung feststecken, bekommen wir Zerstörung und das so lange, bis wir umkehren, aussteigen, neu starten.

Immer wieder sind die Fragen, die du dir stellen darfst:
- Was will ich?
- Wie will ich sein?
- Was kann ich jetzt dafür tun?
- Wie will ich ausgerichtet sein?
- Wie kann ich meinem Leben und meiner Ausrichtung bestens dienen?

Vielleicht stösst du dich an dem Wort „dienen". Zugegeben, das Wort hat eine lange Historie an Grausamkeit und Zerstörung. Ebenso übrigens, wie das Wort Liebe. Der Unterschied ist, dass wir beim „dienen" die Zerstörung dahinter sofort sehen und das Wort also reinigen können. Bei „Liebe" ist die Zerstörung, die damit verbunden ist, meist weniger auffällig sichtbar und damit umso zerstörerischer.
Denn... was ist mehr Zerstörung. Das Offensichtliche oder das Versteckte?
Du siehst, wir haben sehr kreativ und mit vielen Tools und Möglichkeiten im Spiel der Zerstörung für die Zerstörung gewirkt und wir wirken

so lange für die Zerstörung, bis wir diese aktiv in unserem Leben als von uns initiiert an-erkennen und uns für eine neue Ausrichtung ent-Scheiden.

Wenn du bereits viel in dir befreit hast und gut verwurzelt auf der Erde in deinem MenschSein stehst, genügt eine Entscheidung, um dein gesamtes Leben zu verändern. Du entscheidest und gibst dich dann deinem Leben hin. Du dienst deinem Leben, indem du deinen Impulsen folgst und für dich wirkst. Leichtigkeit fliesst ein und so entsteht ein Zyklus, der dich spiralenartig mehr und mehr in deine Essenz, die Liebe, dein Sein katapultiert.
Sind in dir noch einige Resonanzen oder hängst du noch ganz im alten Spiel, lohnt sich ein Schrittweises Vorgehen. Dein System darf und muss sich nach all den tausenden Jahren an das neue nährende Spiel gewöhnen. Es braucht einen Atemzug, damit du in dir, in jeder Zelle verinnerlichst, dass du all dieses, was ist erschaffen hast.
Denn erst, wenn du dich anerkennst, in deiner Wirksamkeit im Sinne der Zerstörung kannst du die Tools weiter benutzen, um zu lieben.

Im Spiel des Liebens ist dein Kopf einer deiner besten Diener. Er dient deiner Liebe, bedingungslos. Nutze die Wandelzeit um ihn neu zu erziehen, sodass er mit dir ins Spiel des Liebens gehen kann. Du dienst dir und deinem Leben mit deiner vollkommenen Hingabe an das, was ist, der bewussten Hingabe zu deinem Leben, weil du weißt, dass du alles erschaffen hast. Somit dein Leben so wie alles für dich ist.
Hier sind einige Tools, die dir das Dienen und das Sein erleichtern:

Brillen und Filter verändern

Die meisten Menschen nehmen ihr Leben, Situationen und Ereignisse durch Filter wahr. Die Filter ihrer Erlebnisse, Erinnerungen, Ängste… Anders ausgedrückt: Dein Verstand vergleicht den ganzen Tag mit seinen Programmierungen. Um dieses für dich und für dein Leben bestens zu nutzen, kannst du exakt diese Vorgehensweise für dein Leben verwenden.

Immer, wenn du dich nicht im Flow fühlst, das Gefühl hast, dass du niedrig schwingst, dass der ein oder andere gegen dich ist, du dich einfach nicht auf etwas oder auf jemanden einlassen kannst, obwohl du es dir so sehr wünschst, kannst du deine Brille wechseln.

1. Setze dich aufrecht hin und verwurzele dich gut. Wenn du möchtest, gönne dir eine Lichtdusche.
2. Welche Situation möchtest du klären? Was wünschst du dir? Sprich die Intention laut oder leise aus.
3. Nimm wahr oder stelle dir vor, dass du eine oder mehrere Brillen aufhast und setze eine nach der anderen ab.
4. Spüre immer wieder in die zu lösende Situation hinein.
5. Auf dem Tisch vor dir liegen noch viel mehr Brillen. Die Brille der Liebe, die Brille der Weite, die Brille der Freude,…
6. Probiere intuitiv so lange alle Brillen aus, bis die Situation für dich perfekt ist.

Brillen und Filter verändern

Wippen erkennen

Wippen

Die Erkenntnis über die Wippen in uns waren und sind eine besondere und tiefe Bereicherung für das Spiel des Liebens. Die Wippen erkennen und löschen ist eines der aktuellsten Tools. Sobald wir sie entfernen, spüren wir Weite und Freiraum, der unbeschreiblich ist. Wir sind kreativ und haben viel gespielt im Spiel der Zerstörung und vor allem: wir sind faul und haben aus allen möglichen Dingen Automatismen erstellt.

Ein Automatismus, der sich (spätestens) im Spiel des Liebens gegen uns wendet, sind die Wippen. Erstellt haben wir sie, um Beziehungen zwischen Menschen oder Situationen etc. herzustellen.

Du kannst dir sicherlich vorstellen, wie viele Wippen jeder von uns im Laufe seines Lebens angesammelt hat.

Die Wippe funktioniert so wie eine echte Wippe und sie macht ebenso abhängig wie eine echte Wippe. Wenn du oben bist, geht es dir gut und du kannst „gnädig" den anderen nach oben wippen lassen. Wenn du unten bist, geht es dir schlecht und bittest den anderen um „Erlösung".

Das funktioniert mit allem. Gesundheit, Erfolg, Freundschaft, Verbundenheit, Reichtum, etc.

Besonders häufig kommen die Wippen innerhalb von Familien, bei Geschwistern, Freunden etc. vor. Was sie verursachen siehst und spürst du. Der eine ist immer vom anderen abhängig und das Ganze funktioniert so subtil, dass es auf den ersten Blick „normal" aussieht.

Es ist Zeit, die Wippen zu entfernen und Freiraum zu schaffen. Und das geht leicht, sobald wir die Wippen entdeckt haben.

Das Entdecken der Wippen ist nicht immer so leicht und hier gilt wie bei vielen Themen, die du so gut versteckt hast, dass du sie nicht erkennen kannst. Komm zu uns in die Meisterschule[22]. Hier finden wir die Wippen und schärfen deinen Blick für deine Wippen und für die Wippen in deinem Umfeld.

Wippen

---

[22] https://loahoku.com/meisterschule

Deine Einstellung macht deine Vorstellung, deine Welt

Mit der Überschrift diesen Kapitels ist im Grunde bereits alles gesagt. Deine Einstellung, das ist alles, das dich auf die Erde stellt. Alles, das dein System, dein Sein im hier und jetzt scheinbar ausmacht und „zum Laufen" bringt. Deine Einstellung ist dein Filter in die Welt, sie besteht unter anderem aus

- deiner Art und Weise, dich selbst zu sehen
- deinen Ängsten
- den kollektiven / gesellschaftlichen / familiären / beruflichen / genetischen „Prägungen" [siehe dazu einige Anmerkungen am Ende des Buches]
- deinen Erfahrungen aus diesem oder anderen Leben
- Etc.

Im Grunde genügt es, dass du dich jeden Tag mit deinem JA! zu deinem MenschSein im Hier und Jetzt beschäftigst. Mehr braucht dein System nicht, um sich immer und immer wieder neu auszurichten. Deine Ausrichtung verändert Schritt für Schritt deine Einstellung. Schneller geht es natürlich, wenn du aktiv deine Ängste, genetischen Prägungen etc. veränderst. Und noch schneller geht es, wenn du in die Meisterschule[23] kommst. Alles ist möglich, weil du Schöpfer bist. Jetzt und in diesem Moment bereits.

Aus deiner Einstellung wird also deine Vorstellung, anders ausgedrückt, deine Erwartung an dein Leben.

Vorstellungen, Erwartungen, Ziele und Pläne sind „Tools des Teufels" sagt die geistige Welt. Sie verhindern durch ihre rigide Struktur, dass sich dein Leben von selbst entfalten kann. Und vor allem verhindern die Bilder, die du dir von deinem Leben machst, dass Wunder in dein Leben kommen können.

Wie kannst du die Liebe deines Lebens erkennen, wenn du eine starre

---

[23] https://loahoku.com/meisterschule

Vorstellung hast, einen ganzen Film vielleicht, wie er oder sie sein soll? Der Weg in deine Leichtigkeit und in die Fülle deines MenschSein auf allen Ebenen startet mit deinem JA! Gefolgt davon, dass du dir deines Sein inklusive deiner Einstellung, Vorstellungen, Bilder, Werte, Ideen, Impulse, etc. bewusst wirst. Erst dann kann Heilung überhaupt geschehen.

Position erneuern

Um deine Einstellung zu verändern gibt es einen leichten Trick, den dein Verstand liebt, weil er ihn nicht „durchschaut". Wie du nun bereits weißt ist alles, das dein Verstand liebt, hundertfach beschleunigt in Wirksamkeit und Aktion.

1. Stelle dich aufrecht und locker hin und spüre in dich hinein. Wie stehst du, wohin blickst du? Vielleicht bist du gerade traurig, wütend, etc.
2. Fühle ganz in dich hinein.
3. Setze die Intention „ich öffne mich für eine neue Ausrichtung, ich öffne mich für mein Spiel des Liebens"
4. Drehe dich dann einmal um die eigene Achse und fühle dich in die neue Ausrichtung hinein.
5. Wie fühlst du dich? Was siehst du?
6. Drehe dich so lange, bis du dich wohl, geborgen, richtig fühlst.

Dein Fokus macht deine Welt

Die Einstellung ist eine Stufe auf deiner Leiter, die ich jetzt mal Fokus nenne. Dein Fokus, das, was du dir und anderen Tag ein und Tag aus erzählst, ist bereits wahr für dich. Und manifestiert sich mit jedem Atemzug tiefer und tiefer in deinem Leben.

Das ist etwa so, wie wenn du auf eine Leiter kletterst und es dir dort oben gut und gemütlich einrichtest. Alles, das du von hier aus siehst, das du erlebst und lebst, ist eben dein Leben. Du bist in deinem Fokus, je nachdem wie beharrlich du bist, unantastbar und glaubst, alles zu sehen. In Wirklichkeit engt die Leiter (der Fokus) dich ein, das große Ganze zu erkennen.

Im Spiel des Liebens ist der Fokus ersetzt durch das Wissen der Liebe in dir. Die Weite deines Raumes, die Tiefe deines Sein braucht weder Fokus noch Einstellung, sie braucht kein VorStellen und kein AufStellen. Sie ist. Du bist. Liebe. Du bist alles. Also erlaube dir einfach das zu sein, was du bist. Jetzt. Und in jedem Moment.
Natürlich ist es so, dass du dich auf die Liebe fokussierst. Doch ist es nicht wirklich ein Fokus im üblichen Sinne. Es ist ein Erinnern. Ein Wissen. Ein Sein. Vollkommen eben.

Lasse deine Identitäten los.

Wir alle haben unzählig viele Identitäten erschaffen, fast könnten wir sagen, wir haben nicht nur ein Ego sondern beliebig viele. Die Frau, die Mutter, die Tochter, die Bankberaterin, der Mann, der Partner, der Kletterer, etc. Namen über Namen und Urkunden über Urkunden halten uns davon ab, echt zu sein. Es ist also Zeit, all deine Rollen und Urkunden, Auszeichnungen, etc. zu löschen und das geht ganz leicht.

1. Stelle dich aufrecht hin, verbinde dich mit deinem Atem und gönne dir eine Lichtdusche für deine Klarheit und gute Verwurzelung
2. Mache deinen inneren Raum ganz groß und öffne dich für dein frei sein von allen Rollen und Identitäten „Ich erlaube mir, alle Rollen, Titel, Urkunden, Identitäten zu löschen, auch wenn ich nicht weiß, wie das geht."
3. Stelle dir vor, wie alle Titel, Rollenbezeichnungen, Namen, die nun zu dir fliessen, jeweils in Luftballons verpackt werden. Die Schnur der Luftballons hältst du in deiner Hand.
4. Wenn alle Titel, Rollen und Urkunden etc. in einem Ballon sind, spüre den Zug an deiner Hand.
5. Spürst du, wie viel von deiner Energie und Kraft darin gebunden ist?
6. Lasse einen Luftballon nach dem anderen los.
7. Atme tief und nimm die Kraft und Energie an, die durch jedes Loslassen für dich frei wird.
8. Spüre in dich. Fühlst du die Weite, den Raum, das EchtSein, deine Essenz?
9. Schenke dir ein Lächeln und ein Dankeschön.

Lasse deine Identitäten los

Deine geistige Nahrung macht dein Leben

Alles, das du hörst, liest, auditiv wahrnimmst, hat Einfluss auf dein Leben. Wenn du unbewusst Zeitung liest, grausame Filme ansiehst, Spiele spielst, in denen es um Tod und Leben geht, dann laufen all die Informationen ungefiltert in dein System. Dein Verstand macht keinen Unterschied, ob du etwas an der Leinwand wahrnimmst oder in deinem eigenen Leben. Anders ausgedrückt: Dein Verstand nimmst das Gesehene, Gesungene, Gelesene wie einen Ausschnitt aus deinem echten Leben.

Was du tun kannst, um Müll in deinem System zu vermeiden? Nähre dich - auch und besonders geistig - mit den Dingen die dir gut tun, die dich groß machen, dir Weite geben, dich öffnen für Impulse, die FÜR dich und dein Leben sind.

Besonders wenn du gerade mitten darin bist im Aufräumen deines Lebens, wenn du BewusstSein übst und loslässt, ist es eine gute Idee, achtsam mit deiner geistigen (und physischen) Nahrung umzugehen. Eine Diät tut gut, insbesondere weil du danach bewusst wählen kannst, was dich nährt und was dich zehrt.

Dasselbe gilt für:
- Die Sprache, die du (mit dir oder anderen) sprichst
- Deine Kleidung (nimmst du wahr, was auf deiner Kleidung geschrieben ist? Es wirkt auf deine Zellen. Ob du das willst oder nicht) - Wenn du Lust hast, nährende Kleidung zu tragen, schau in unserem Shop vorbei.[24]
- ...

---

[24] https://loahoku.com/der-shop-fuer-dein-wohlgefuehl/

Deine geistige Nahrung macht dein Leben

Kosmische Teams

Vielleicht fragst du dich, warum du kosmische Helfer benötigst, da du doch selbst der grösste Schöpfer auf Erden bist?
Du hast natürlich Recht. Du benötigst gar nichts. Und an manchen Stellen deines Lebens kann es sein, dass du dich überfordert fühlst von dem, was gerade in deinem Leben los ist. Insbesondere in dieser Zeit, in der wir häufig noch mit mindestens einem Bein im Spiel der Zerstörung stecken und mit dem anderen im Spiel des Liebens sind, kann es sich für dich anfühlen, als wäre da vieles zu lösen und zu löschen.

Und je mehr du ins Spiel des Liebens gehst, umso kleiner wird dein Ego, welches dich bisher möglicherweise davon abgehalten hat, Hilfe von anderen anzunehmen. Im Spiel des Liebens ist kein Platz mehr für die lonely riders, die Einzelkämpfer. Wir dürfen die Kraft und Macht, die Wirksamkeit und Möglichkeit des kristallinen Gitternetzes, des göttlichen Feldes der Wunder für unser bestes Wohl nutzen.

Dieses macht alles mega leicht. Und bei allem gilt, dass du nicht einmal daran glauben musst. Es unterstützt nicht einmal den Heilungs Prozess. Ob du glaubst oder nicht, ist gleich gültig.

Wir sind auch hier erst zu Beginn des Spiel des Liebens. Auch wenn wir bereits jetzt eine Fülle an Möglichkeiten zur Verfügung haben, ist es doch eine kleine Auswahl verglichen mit dem, was es insgesamt sein kann und sein wird. Also sei gespannt und öffne dich für dich großartigen und WunderVollen, grenzenlosen Möglichkeiten aus dem göttlichen Feld der Wunder. Bitte lies auch im Kapitel „Körper und Medizin", welches die Ergänzung und Vervollständigung für dieses Kapitel darstellt.

Alles, das ist, kann durch deine kosmischen Helfer unterstützt, verändert, bewirkt werden. Wenn dein Verstand bereits so weit gedehnt ist, kannst du an den meisten Stellen an denen du Veränderung wünschst, deine kosmischen Teams einsetzen. Die Antworten und die Unterstützung, die du aus der geistigen Welt erhältst kann dein Kopf nicht verstehen. Sie sind nicht auf 0 oder 1 programmiert. Das ist gewollt, denn dein Kopf hat als Einzelkonstrukt keinen Platz im universellen Ganzen. Dein Verstand existiert ebenso nicht wie dein Ego.

Wichtig ist, dass du im Wirken mit deinen kosmischen Teams ehrlich mit dir bist. In diesem Moment sind viele von uns zum grössten Teil materiell ausgerichtet. Das was der Verstand sieht, glaubt er, das andere noch nicht so sehr. Auch unsere Körper sind noch grobstofflich. Siehe hier auch im Kapitel Körper und Medizin. Nimm die Verwirrungen deines Verstandes immer und immer wieder als Tool FÜR dich. Dein Leben ist leicht, wenn du alles Kämpfen und jeden Widerstand loslässt und alles für dich nutzt.

Tools aus der kosmischen Helferschaft sind unter anderem:
Die kosmische Apotheke funktioniert ebenso wie eine irdische Apotheke. Du kannst dir Mineralien, Heilung für Schmerzen, Bachblüten, SchüsslerSalze oder was auch immer als download aus der Apotheke holen.

Kosmische Apotheke

Die kosmischen ÄrzteTeams bieten dir alle Möglichkeiten, die du aus deinem irdischen Erleben kennst und mehr. Denn die galaktischen Ärzte haben Wissen, welches wir auf der Erde noch gar nicht haben. Wenn du dich nach einem LiebeVollen ZweierSystem im Sinne des Spiels des Liebens sehnst, wende dich an die kosmische Dating Agentur. Brauchst du Information und neue Impulse für dein Unternehmen, befrage die kosmische Unternehmensberatung. Beauftrage das kosmische Marketing Team mit der Werbung für deine Produkte und Dienstleistungen.

In der Meisterschule[25] wirken wir mit unzählig vielen kosmischen Helfern.
Du kannst dir alle Unterstützung aus dem Universum einfach einschwingen, so wie wir uns auch die Frequenzen und hohen Energien und so vieles anders einschwingen.

---

[25] https://loahoku.com/meisterschule

Kosmische Teams

Zeit und Raum nutzen - ParallelWelten

Zeit und Raum sind Erfindungen, die wir ausschliesslich auf dieser Erde erfahren können. Ebenso wie unsere Körper und die dazu gehörenden Gefühle.

Zeit und Raum waren im Spiel der Zerstörung als die Begrenzungen schlechthin eingesetzt. Denn dort, wo du begrenzt wirst, gerätst du unter Druck. Druck macht Angst und beides in der Kombination zerstört. Heute wissen wir mehr.

Erinnere dich daran, dass du Schöpfer bist und die Welt inklusive aller Strukturen und Konstrukte erschaffen hast. Das ist perfekt, denn so ist für dich leicht, jederzeit das zu verändern, das du verändern willst.

Ganz gleich gültig, welche Wahrheit deine Wahrheit ist, ob es für dich so ist, dass alles zur gleichen Zeit existiert, du also über dein ein- bzw. aussteigen aus der ein oder anderen Parallelwelt deine Realität anpasst. Oder ob es für dich stimmiger ist, dass die Zeit vollkommen linear ist, sodass du nach hinten oder vorne gehst.

Wichtig ist, dass du dich insofern weitest und in deine Grenzenlosigkeit gehst, dass du jederzeit ausserhalb von Zeit und Raum leben und wirken kannst, sodass du von hier aus auf Zeit und Raum einwirken kannst.

Häufig werden wir gefragt, ob es auf andere wirkt, wenn wir die Zeit für uns weiten oder verengen. Natürlich nicht. Denn wir können für andere nichts beeinflussen, welches nicht von ihnen selbst so gewünscht ist. Das meinen wir, wenn wir von Parallelwelten sprechen. In meiner Welt habe ich zwei Stunden gekürzt oder verlängert. In deinem Leben mag sich dein Tag wie ein Tag mit 49 Stunden angefühlt haben. Es kann sein, dass wir beide nebeneinander im Zug sind und doch in zwei verschiedenen Welten, Parallelwelten existieren. Das ist sogar sehr wahrscheinlich.

Wenn wir uns nicht kennen, ist das auch nicht weiter beschränkend. Doch was ist, wenn zwei Menschen in zwei Welten leben, die scheinbar einander nach Art des Spiel der Zerstörung lieben? Nun, dann geschieht immer und immer wieder Zerstörung auf allen Ebenen. Solange, bis einer und der andere sich entscheiden, ins Spiel des Liebens zu gehen. Im Spiel des Liebens haben wir all unsere Resonanzen erkannt und erlöst. Wir sind im Flow des Lebens und das bedeutet, dass wir nur mit den Menschen sind, die im gleichen Flow sind. Menschen, die sich für die Liebe entschieden haben. Menschen, die ihre Schöpferkraft angenommen haben.
Nun lass uns eintauchen ins Spiel des Liebens und wirken mit Zeit und Raum.
Wir fühlt sich Raum und Zeit für dich an? Wie eine Beschränkung, die dich einengt und in eine Form presst oder wie die unendliche Weite an Möglichkeiten?
Wir laden dich ein, dich zu weiten und dir selbst die Unbegrenztheit zu erlauben. Denn wenn du aus dieser Einstellung heraus lebst und wirkst, können in deinem Leben Wunder geschehen.
Hast du Lust darauf? Dann komm'.
Zeit zu kürzen oder zu verlängern ist ein Riesen Spass und am besten ist es, du übst das in leichten und entspannten Situationen, damit du schnell und aus den höchsten Frequenzen agieren kannst, wenn du es brauchst.

Zeit kürzen / schneiden dient dir, wenn du dich verletzt hast, wenn etwas geschehen ist, das dir nicht gut tut, wenn du auf jemanden wartest und keine Lust mehr hast, zu warten, etc. Zeit verlängern hilft dir, wenn du im Stau stehst und es scheinbar sein kann, dass du zu spät zu einem Termin kommst, wenn du ein Arbeitsziel hast, das du erreichen musst oder willst, etc.
Deine Parallelwelt zu verändern unterstützt dich in deinem Entfalten, in deinem Wohlgefühl und in deiner Grösse.

Zeit verlängern / dehnen

Unbewusst arbeiten sicherlich bereits viele Menschen mit diesem Tool. Kennst du die Menschen, die immer rechtzeitig da sind, nie Stress wegen der Zeit zu haben scheinen und Zeit für sich nutzen? Diese Menschen meine ich.

Wenn du bisher noch nicht in den Genuss gekommen bist, dann wird's Zeit. Freu dich auf viel Freiraum in dir und um dich.

Du kannst die Zeit immer verlängern und besonders dann, wenn du zu spät aufgestanden bist, wenn du das Gefühl hast, einen Termin zu verpassen, etc.

1. Stelle dir einfach die Zeit als eine lineare Struktur vor, einen Zeitstrahl, der bei X beginnt und bei Z aufhört. Die Abstände zwischen den einzelnen Uhrzeiten sind scheinbar festgelegt.
2. Nimm den Zeitstrahl und dehne ihn so lange, bis du wieder Wurzeln unter deinen Füssen spürst, bis dein System wieder in der Ruhe ist. Gut geerdet, fest im hier und jetzt.

Zeit dehnen

Zeit kürzen / schneiden

Dieses Tool wird von uns am häufigsten verwendet in der Meisterschule. Es ist ein wahrer Tausendsassa, das du verwenden kannst, wenn du einen Unfall hattest oder dich verletzt hast, wenn du Traumata aus deiner Kindheit, Erlebnisse aus deinem Leben und Erleben leicht und schnell auflösen und löschen möchtest.

1. Stelle dir den Zeitstrahl vor und bestimme intuitiv, wie viel du aus dem Zeitstrahl schneidest, um das Erlebnis, den Unfall, das, was geschehen ist, zu löschen und zu lösen.
2. Wenn du die Geschichte hinter der Geschichte lösen und löschen möchtest, dann braucht es einen Schritt mehr. Diese Technik geben wir dir in der Meisterschule[26] mit.

---

[26] https://loahoku.com/meisterschule

Zeit kürzen / schneiden

Parallel Welten wechseln - Blue Print einschwingen

Du kannst in jeder Sekunde deines Tages deine Welt und dein Erleben wechseln. Alles, das war und alles das ist, ist - wenn wir es nicht mehr linear betrachten sondern dieses Bild entzerren - nebeneinander. Anders ausgedrückt sitze ich gerade hier und schreibe für dich und in einer anderen ParallelWelt spiele ich gerade Tennis, heirate den Mann an meiner Seite oder was auch immer...

Die ParallelWelt wechselst du, wenn du Inspirationen oder Impulse wünschst, wenn du dich an etwas erinnern oder etwas manifestieren willst. Du wechselst, wenn du niedrig schwingst und dir schnell eine höhere Frequenz wünschst.

1. Für die Anwendung dieses Tools ist es unabdingbar, dass du mit der Lichtdusche beginnst UND dich noch einmal extra erdest.
2. Erst wenn du deine Wurzeln tief spürst, starte.
3. Setze dich in deinen Raum und gib die Intention ins Feld, zum Beispiel: „ich will den Raum sehen, in dem ich glückselig bin"
4. Sieh, wie dieser Raum sich für dich öffnet und verbinde dich mit deinem Selbst, welches in dieser Welt glückselig ist, einfach, indem du hineinschlüpfst wie in einen Anzug.

Du kannst es auch deinem Leben vollständig überlassen, welche Dimension für dich aufgeht, indem du durch ein Portal hindurchschreitest. Hierfür brauchst du kein Wissen, was hinter dem Portal ist. Du gehst einfach Schritt für Schritt hindurch und fühlst dich ganz auf der anderen Seite.

ParallelWelten wechseln / Blue Print einschwingen

Eigenen Raum vergrössern

Manchmal fühlst du dich vielleicht eingeengt, ganz physisch betrachtet oder auf der emotionalen, mentalen, energetischen Ebene. In solchen Fällen laufen viele Menschen einfach davon. Gehen Bergwandern, in den Urlaub, machen Tapetenwechsel auf alle möglichen Arten und Weisen und erkennen bei der Rückkehr, dass ihr Thema sich nicht verändert sondern einfach zeitlich verschoben hat.

Du kannst es für dich schlauer handhaben und vor allem FÜR DICH handhaben, indem du deinen Raum vergrösserst. Das kannst du überall und innerhalb von einer Sekunde tun und es ist so wirksam, dass du keine voreiligen Weglauf Methoden anwenden musst.

1. Setze oder lege dich bequem hin, sodass deine Wirbelsäule aufgerichtet ist.
2. Wenn du Zeit hast, starte mit einer Lichtdusche und spüre deine Wurzeln in der Erde.
3. Spüre deinen MeisterKristall, der zwischen Solarplexus und Herzen für dich wirkt. Spüre auch in dein Herz und in deinen Solarplexus.
4. Dort nimmst du eine Enge wahr. Lasse sie zu und gib der Enge, dem Gefühl, du bist eingeengt, Raum.
5. Lasse das Gefühl der Enge sich immer mehr ausbreiten.
6. Atme und spüre, wie mit der Enge sich dein eigener Raum ausbreitet.
7. Gehe vollständig aus jeglicher Wertung und erkenne, dass dein Raum, dein Feld, dein System unendlich weit und groß ist. Es geht über den Raum, in dem du dich befindest hinaus. Es sprengt alle Gefühle, die dich einzuengen schienen.
8. Weite und Grösse breitet sich in dir und um dich aus. Und das Gefühl, alles ist richtig. Weil du richtig bist.

Eigenen Raum vergrössern

Reinigung

Was mit Reinigung gemeint ist, weiß scheinbar jeder gut. Und doch ist das Reinigen im Spiel des Liebens ein wenig anders als es im Spiel der Zerstörung war. Wenn wir heute reinigen, dann reinigen wir aus der Erde kommend, wir reinigen, um Raum in uns zu schaffen, um unsere Weite zu spüren.
Weil alles im Spiel der Zerstörung war, was heute ist, dürfen wir einfach alles reinigen, das wir in diesem Moment bzw. leben.

Beginnend bei uns selbst, reinigen wir
- unseren Körper mit allen Körper Funktionen und Prozesse, zum Beispiel:
    - KörperZellen
    - Hormonelle Prozesse
    - Etc.
- Gedanken
- Muster, Verhaltensweisen, Gewohnheiten
- Worte
- Räume
- Materie, die mit uns und um uns ist.

Wir haben erfahren, dass es wichtig ist, so detailliert wie möglich zu sein im Bezug auf das Reinigen.

Zwei Sätze, der dich beim Reinigungsprozess unterstützen und nähren kann ist: „Ich reinige ... auf allen Ebenen, in allen Dimensionen, Zeiten und Räumen. Ich setzte ... vollständig zurück zur Norm der göttlichen Schöpfung".
Die Allrounder der Reinigung sind in anderen Kapiteln bereits beschrieben:
- Waschmaschine

- Waschmaschine für dich
- Pentagramm

Die Elemente der Erde, Wasser, Feuer, Erde und Luft sind in sich so unendlich große Geschenke für diese Erde und für uns als Menschen. Sie haben den Wert von unzählig vielen Büchern und Tools, so haben wir im Kapitel Natur einige Anwendungsmöglichkeiten der Elemente für dich.

Hier stellen wir dir noch ein paar weitere Tools vor. Einige beschreiben wir nicht mehr näher, sie sind als Teil unserer MediKlang Sessions oder in anderen Programmen mehr als im Detail beschrieben für dich.

Löschzug

Der Löschzug ist ein SelbstReinigungs Tool, bei dem Themen bis ins kleinste Detail gelöscht werden können. Du brauchst hierzu nicht mehr als den simplen ersten Befehl und deine Intention. Alles weitere macht der Löschzug von alleine. Der Löschzug hat mehrere Sensoren und Scanner, die die Geschichten hinter den Geschichten, die Wurzeln der Themen aufspüren und dort wirken, wo es im Moment am meisten gebraucht ist. Er ist ein hoch entwickeltes Tool aus dem Kosmos, welches wir aus Galaxien gechannelt haben, die bereits aus der Zerstörung in die Liebe gewechselt haben.

Wichtig ist, dass du dieses Tool nur dann anwendest, wenn du ganz in der Ruhe und bei dir bist. Wichtig ist auch, dass du dich vorher und nachher jeweils gut und zwar besonders gut erdest.

So wie bei allen Tools, die sehr tief gehen, ist die Erdung sozusagen das Sahnehäubchen, denn ohne Erde kein MenschSein, keine Wirkung im Spiel des Liebens.

1. Lege dich bequem hin und spüre deine Wurzeln.
2. Lasse deinen Atem ruhiger werden und gib die Intention ins Feld „Löschzug jetzt sofort aktivieren für mich für Thema xyz"
3. Spüre nun, wie der Löschzug über dich hinweg fährt, an einigen Stellen anhält, tief geht und löscht, was zu löschen ist.

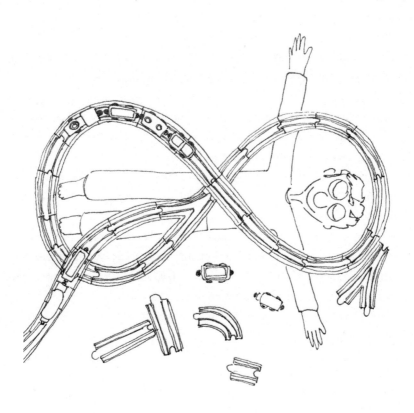

LöschZug

Essen neutralisieren

Besonders zu Beginn deiner WandelZeit kann es vorkommen, dass du irgendwo isst, wo du nicht sicher bist, ob das Essen hochwertig und für dich nährend ist. Oder du möchtest gerne ein Bier trinken, hast aber keine Lust auf den Alkohol in dem Getränk, vielleicht möchtest du etwas Süsses essen und hast keine Lust auf den Zucker.

Natürlich kannst du auch bei dir zu Hause jedes Essen neutralisieren, wenn du unsicher bist, ob es nährend für dich ist.

1. Stelle dir vor, wie das Getränk, das Essen, die Materie, die du neutralisieren willst, sich in tausende von einzelnen Elektronen zerlegt und vor dir ausbreitet.
2. Gib deine Intention hinein: „dieses XYZ [Name bzw. Bezeichnung] wird nun vollständig zurückgesetzt auf die Norm der göttlichen Schöpfung. Es nährt mich und unterstützt mein HeilSein auf optimale Art und Weise. Jetzt."
3. Wenn du gut siehst oder spürst, bemerkst du im gleichen Augenblick, dass sich die einzelnen Elektronen neu zusammensetzen. Für dich. Ist alles. Wenn du das willst.
4. Und dann? Geniesse das Essen und Trinken und dein MenschSein.

Essen neutralisieren

Chakren reinigen

Es gibt unzählig viele Möglichkeiten, deine Chakren zu reinigen. Aus meiner Sicht betrachtet, sind die Chakren, ebenso wie viele Dinge, die wir bisher kannten, in ihrem Detailgrad nicht ausreichend für das, was wir wahrhaftig sind. Wäre es nicht verrückt, wenn wir lediglich ca. 7 Haupt und X Nebenchakren hätten? Wir haben unzählig viele „Chakren", ich nenne sie gerne Kristalle. Ist doch klar! Wir sind Teil des kristallinen Gitternetzes. Als solche „Teile" sind wir Schöpfer. Unser Meisterkristall ist sozusagen unser Motor. Um ihn herum sind unzählig viele Kristalle, die ein Netz bilden, welches an Weite von uns in diesem Moment nicht einzuschätzen ist. Unser kristallines Netz, ich nenne es gerne System, schwingt und vibriert stets und immer. Unseren Körper haben wir um einen Teil dieses Netzes gelegt, auch er vibriert also stets und immer. Dazu mehr im Kapitel „Körper".

Die Chakren kannst du reinigen wie alles andere auch.
- Säurebad
- Lichtdusche
- Waschmaschine etc.

Meist reinigen wir der Einfachheit halber die sogenannten HauptChakren oder auch nur den MeisterKristall, der über die Vibration der Verbindung alles auf alles übertragen kann.

Wenn du eine besondere Art der Reinigung erleben willst, check dich bei einer unserer MediKlang[27] ein. Besser geht's nicht.

---

[27] https://loahoku.com/meditationen/#mediklang-live

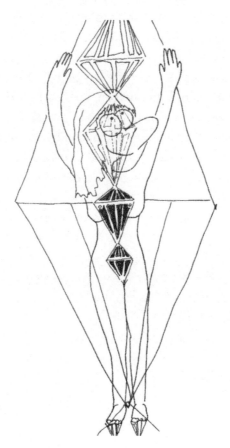

Hauptchakren reinigen

Säurebad

Besonders entspannend und dabei tiefen reinigend ist das SäureBad. Welche Art von Säure du nimmst, bleibt dir überlassen. Sei auch hier kreativ und folge deinen Impulsen. Das Säurebad unterstützt dich beim loslassen von tiefen Glaubenssätzen, beim Heilen deiner Haut, beim letztendlichen Loslassen von Verbindungen, Verstrickungen, etc. Du kannst es nach jedem LoslassProzess nutzen, so wie du ein Bad machst, um deinen Körper zu entspannen. Durch das Säurebad werden die letzten Gifte und Schadstoffe aus deinem System abtransportiert. Das Säurebad kann so tief wirken, dass du bzw. dein Körper sich müde fühlt, deshalb ist es eine gute Idee, wenn du es vor dem Schlafengehen anwendest, so kann das Bad auch über die Nacht wirken.

1. Gib deine Intention ins Feld, zum Beispiel: „Vollkommene Reinigung von allen Dramen, Verbindungen, Verstrickungen, etc. die im Sinne der Zerstörung wirken. Zurücksetzen meines gesamten Systems und aller Ebenen und Dimensionen meines Systems zur Norm der göttlichen Schöpfung auf allen Ebenen, Dimensionen, Zeiten und Räumen. Jetzt."
2. Lasse die Säure in die Badewanne fliessen, wenn du möchtest, gib einen schönen Duft hinzu, damit dein System noch tiefer entspannen kann.
3. Lege dich hinein und spüre, wie alles von dir abfällt, was nicht zu dir gehört. Gib dich dem Bad und deiner vollständigen Reinigung ganz hin.

SäureBad

Kraft(Halb)Sätze und PowerWorte

KraftSätze sind Sätze, die tief gehen und dabei möglichst viel Weite und Freiraum bereit stellen, in der Wunder für dich geschehen können. Sie dienen dir auch, deinen Verstand aus dem Widerstand zu holen, indem sie in aller Ehrlichkeit die aktuelle Situation bestätigen und eine Verbindung von Jetzt Zustand und Intention bzw. Absicht knüpfen.

Generell ist es wichtig, dass du deine Sprache mit dir selbst, mit anderen und mit deinem MeisterKristall, deiner göttlichen Blaupause (Seele, SuperNatur,... - Setze ein, was auch immer hier die für dich richtige Bezeichnung ist), dem göttlichen kristallinen Gitternetz bewusst und klar wählst. Je ehrlicher und klarer du bist, umso leichter, wirksamer und freier ist dein ErLeben und Lieben.

Wie immer erinnere ich dich auch hier daran, dass du selbst Schöpfer deines Lebens und Liebens bist. Das bedeutet auch, dass du selbst alle Möglichkeiten hast, die für dich richtigen und wichtigen Sätze zu wissen. Du hast alles in dir, das du brauchst. Sieh die kommenden Sätze ebenso wie den gesamten Inhalt des Buches als eine Brücke, Impulse für dein Erinnern an deine Kraft.

Natürlich ist immer alles perfekt für dich. Auch dann, wenn das, was du manifestierst, bzw. das, was sich durch dein Manifestieren in deinem Leben zeigt, scheinbar genau das Gegenteil ist von dem, was du dir gewünscht hast. Dein Leben ist immer für dich. Erinnere dich!

- Ich [reinige, lösche, lasse los, durchlichte, manifestiere, ...] auf allen Ebenen, in allen Dimensionen, Zeiten und Räumen.
- Zur Norm der göttlichen Schöpfung (so wie sie im Spiel des Liebens ist)
- So oder noch besser.
- Ich öffne mich für...

- auch wenn ich nicht weiß, wie das geht (das ist ein besonders kraftvoller Satz, der es ermöglicht, dass dein gesamtes System unterstützend für die Realisierung wirken kann) [28]
- Ich entscheide mich jetzt...
- Ich bin bereit für...
- Ich nehme .... an
- Ich will .... annehmen
- Ich vertraue...
- Ich lege mich in Mutter Erde und aktiviere meine Verwurzelung, meine tiefe Verbindung mit Mutter Erde.
- Ich spüre, wie die tiefe Liebe und das Sein an sich aus Mutter Erde durch mich und in mir strömt und fliesst.
- Auch wenn ich im Moment meine Kraft nicht spüren kann, weiß ich, dass sie da ist.
- Auch wenn ich im Moment... nicht spüren kann, weiß ich, dass es so ist.
- Auch wenn ich im Moment... nicht erkennen oder sehen oder wahrnehmen kann, weiß ich, dass es so ist.
- Ich liebe die Vibration von [Glückseligkeit / Liebe / Reichtum / Gesundheit / Fülle / Freude / GanzSein / MenschSein/...] [29]

---

[28] Unser System kennt und sieht uns vollständig. Es weiß genau, wenn wir etwas sagen, das so nicht ist. Deshalb funktionieren häufig Affirmationen einfach nicht oder genau mit der gegenteiligen Wirkung. Weil dein Verstand, dein System sofort sagt: „Was? Wir SIND das doch gar nicht..." Wenn du deinen KraftSatz dazu sprichst, nimmst du deinem System den Wind aus den Segeln, aus einem gegen dich gehen wird ein für dich sein. Dort wo dein System, dein Verstand zustimmen kann, sind alle Tore offen für Wunder und Heilung auf allen Ebenen.

[29] alles im Universum vibriert, der Strom des Lebens fliesst und vibriert in dir, dein MeisterKristall vibriert in dir und für dich, über die Vibration findet Manifestation auf allen Ebenen auf dieser Erde statt.

- Diese Programmierung / dieses Modul / diese Aktion ist so lange gültig bis die Norm der göttlichen Schöpfung wieder hergestellt ist

PowerWorte sind Worte, die schnell und leicht für dich und dein Spiel des Liebens wirken können. Alle Worte können PowerWorte sein, wenn du sie für dich gereinigt hast.
- Jetzt und hier
- Aktivieren
- Regenerieren
- Löschen
- Lösen
- Durchlichten
- Transformieren
- Jegliche Form von Entsprechungen bzw. Beschreibungen der beiden Seiten, wie zum Beispiel: hinten und vorne / oben und unten / dick und dünn / etc.
- Vibrieren
- Hoch N

Es kann sein, dass du während der Anwendung des ein oder anderen PowerWortes oder PowerSatzes eine tiefe Resonanz von Widerstand spürst. Das ist WunderVoll. Fast alle Worte, seien sie noch so lichtVoll, die wir heute verwenden, entstammen aus dem Spiel der Zerstörung. Sie sind nach vielen tausenden von Jahren also geprägt von den Geschichten und Dramen, die an ihnen kleben.
Wenn du ein solches Wort in dir entdeckt hast, dann gönne dem Wort und deinem System die vollständige Reinigung, die wir im Kapitel „Worte reinigen" beschrieben haben.

Du wirst eine deutliche Veränderung spüren, wenn du das Wort wieder nutzt. Freiraum, Weite und Liebe öffnen sich durch das Wort, dort wo vorher Beklemmung und Widerstand war.

Hoch N

Wenn du bei allem, das du programmierst, manifestierst, an nährendem und LIebeVollen automatisch das „hoch N" anfügst, gibst du damit deinem Leben, dem Universum die Möglichkeit, weitaus mehr, grösseres und schöneres für dich in die Welt zu bringen. Erwarte Wunder und sie fliessen zu dir.

Hoch N

Programmieren

Längst ist das Programmieren unserer Zellen etwas, das die meisten von uns auf die ein oder andere Art und Weise kennen. Während die (Synthetische) Biologie, die GenForscher etc. bereits einiges auf Lager hat, um Zellen zu programmieren, gibt es noch viel leichtere und schnellere Wege, wenn du dich und dein Sein, dein Leben und Lieben verändern willst.
Wir kommunizieren in jedem Moment unseres Sein mit unseren Zellen. Unbewusst meist. Und das kann für das ein oder andere Chaos sorgen. Wenn wir bewusst eingreifen in unser System, um zu verändern, was nicht mehr nährend ist, nennen wir das Programmieren.

Es gibt Menschen, die auf das Wort „programmieren" empfindsam reagieren. Wenn du zu diesen Menschen gehörst, ist es sehr wahrscheinlich, dass du selbst dieses Verb - oder in deutsch gesprochen, dieses TUN Wort - in den Tiefen deiner Zellen auf eine negative, zerstörerische Art und Weise in Aktion erlebt hast und kennst. Dort, wo du selbst immer und immer wieder andere programmiert hast und dieses nicht im Sinne des Lebens sondern im Sinne der Zerstörung. Wenn du also eine empfindsame Resonanz spürst, dann gönne dir einen Moment und reinige das Wort „Programmieren" und alle dazu gehörenden Worte für dich. Denn nur wenn das Wort für dich rein ist, können die Programmierungen, die du für dich setzt auch für dich wirken. Im Anhang findest du eine Beschreibung des Wortes und der Aktion „manipulieren" aus dem göttlichen Feld der Wunder für dich.

Unser Fühlen, unsere Gefühle, Empfindungen, Reaktionen und Aktionen sind in unseren Zellen gespeichert.

Alles, das wir in unseren Zellen gespeichert haben, wirkt wie ein Filter für unsere Wahrnehmung. Anders ausgedrückt, dient die Information, die in unseren Zellen gespeichert ist, als Brille, durch die du deine Welt wahrnimmst, so wie du sie eben wahrnimmst.

Deine Beziehungen und Verbindungen, deine Gesundheit, dein Körperbau, deine Reaktionen, eben alles, das du bist, ist in deinen Zellen als energetische Information gespeichert. Dein Zellgedächtnis ist vergleichbar mit einem perfekt entwickelten BioComputer, der jegliche Form von Informationen, Dramen, Traumata etc. aus deiner eigenen Kindheit sowie aus dem Leben deiner Vorfahren, der Kultur, aus der du kommst, der Sprache die deine MutterSprache ist, etc. speichert.

Unzählig viele Faktoren aus dem Kollektiv wirken hier auf deine Zellen und die Informationen darin. All diese Informationen werden nicht bewertet oder sortiert. Das bedeutet: Sie sind abgelegt und dein System weiß nicht (mehr), ob dieses Verhalten dein eigenes ist oder ob es das Verhalten deines Vaters ist, welches du aus tausendundeinem Grund übernommen hast. Du hast also X Programmierungen in dir, die alle als „deine" identifiziert sind und dir das Leben beliebig leicht oder schwer machen können, indem sie dir scheinbar deinen Weg ebnen oder dich vermeintlich davon abhalten können, deine Weg zu gehen.

Wir nennen das, was dir den Weg ebnet „Glück" oder „günstiger Zufall", „gute Gene", etc. und sprechen meist nicht weiters darüber, denn im Spiel der Zerstörung geht es um die Zerstörung.

Wir nenne das, was dich abhalten kann, auch Blockaden oder FehlVerknüpfungen, Banne, Eide, etc. Das Buch, welches du gerade in deinen Händen hältst, sowie ein großer Teil unseres heutigen Wirkens bei loahoku baut darauf auf, dass wir solche FehlProgramme und FehlProgrammierungen, damit einhergehende unbewusste Muster und Verhaltensweisen, übernomene Gewohnheiten und Glaubenssätze etc. löschen und so Freiraum in deinen Zellen schaffen.

Dieser Freiraum ist sofort für dich spürbar und erlebbar, häufig fühlst du den Freiraum körperlich, je nachdem, wie tief die Wirkung ist, kann es auch sein, dass du das Vakuum im ersten Moment als Schmerz (Muskelkater) oder als Anstrengung in deinem Körper empfindest.

Der entscheidende Vorteil (aus unserer Sicht betrachtet) für dich ist, dass wir nicht nur das Trauma, die Gewohnheit, etc. aus deinen Zellen löschen, sondern auch die darunter liegende Wurzel, die für den Rest verantwortlich ist. So ist gewährleistet, dass gelöscht gelöscht ist und gelöst gelöst. UND: mit dem Löschen der BasisProgrammierung können wahre Kettenreaktionen an Wundern erlebbar sein.

Denn das, was wir löschen, setzt deine Kraft wieder frei, die in den alten und zehrenden Situationen gespeichert war.

So kannst du dich also wieder aufladen mit positiven Gefühlen, das SchmerzGedächtnis wird gelöscht und du spürst, dass du wieder mehr im Flow deines Lebens bist, du spürst mehr Vitalität etc.

So frei und neutral, wie das Wort, die Situation, der Mensch, das Erleben,..., nun für dich ist, kannst du erkennen, wie leicht das Leben ist, wenn du die ein oder anderen Schönheiten des Lebens sozusagen automatisch geschenkt bekommst und nicht mehr jede Sekunde deines Lebens dafür aktiv sorgen musst. Was wir programmieren ist. Eben programmiert.

Viele Programme haben entsprechend in der heutigen Zeit eine Haltbarkeit. Du brauchst ja zum Beispiel den Löschzug nur in diesem einen Moment, nicht mehr brauchst du ihn morgen oder übermorgen. So ist es mit vielen Programmen. Wir sind in der WandelZeit. Viel Zerstörung befindet sich noch in uns. So brauchen wir im Moment vermutlich das ein oder andere Programm um schnell und leicht in unser MenschSein zu gehen. Sind wir dort, ist das Programm nutzlos.

Und weil wir der Ansicht sind, dass nutzlose Programme überflüssigerweise Speicher benötigen, programmieren wir meist auf Zeit, sodass sich die Programme selbst löschen, wenn sie nicht mehr benötigt sind.

Dieses HaltbarkeitsProgrammieren kommt auch aus der Erfahrung, dass die Programme, die wir heute noch in uns tragen, sinnvoll und notwendig waren zu einer und einer anderen Zeit bzw. in der ein oder anderen Parallelwelt. Heute behindern sie mehr als sie unterstützen. Wir nenne sie deshalb Blockaden und FehlProgramme. Mit Haltbarkeit programmiert, wäre einiges für uns noch schneller möglich in dieser WandelZeit. Und so ist es natürlich eine schöne Sache für diejenigen unter uns, die gerne das Leben und Lieben erforschen, so wie wir bei loahoku es tun.

Noch einmal möchten wir in Erinnerung bringen, dass es ein universelles Gesetz ist, dass du nur für dich selbst programmieren kannst. Du kannst niemals in einem System ausserhalb von deinem eigenen etwas programmieren. Wenn wir also „für andere Programmieren", dann geschieht das basierend auf dem Wunsch des anderen und in vollkommener Freiheit, Absichtslos, ohne Intention.

So kann es durchaus sein, dass das System des anderen deine Programmierung, deine Impulse in dem Moment nicht annehmen kann oder will. Dann ist es auch gut so. Es ist so wie es ist perfekt. Jetzt und in jedem Augenblick.

Wie bei allem, das wir aus dem kristallinen Gitternetz downloaden, ist es auch mit der Programmierung und den Programmen so, dass wir uns im Bezug auf den Ablauf und die Sequenz, die Details und die Durchführung selbst auf die geistige Welt bzw. auf das Universum selbst verlassen können.

Anders ausgedrückt: Du schreibst die Basis Programmierzeile und das Universum macht den Rest. Wie bei allen Programmierungen in unserem Leben darfst und kannst du jederzeit nachbessern oder löschen. **Wir programmieren nicht mehr auf Ewigkeit sondern generieren bzw. lassen mit dem Satz „bis die Norm der göttlichen Schöpfung wieder hergestellt ist" die höchstmögliche Freiheit. Bei all den Programmierungen und Tools die wir anwenden kann es durchaus geschehen, dass du die ein oder andere vergisst. Hierfür ist es gut, wenn du bereits eine Selbstlöschung veranlasst hast.**

Und jetzt wünsche ich dir viel Spass beim Programmieren deines besten Lebens.

Knopf programmieren

Ein besonderes Tool, das dir viel Leichtigkeit bescheren kann ist der Knopf, den du programmieren kannst. Du kannst den Knopf für alle Tools und Aktionen in deinem Leben programmieren. Er funktioniert so, wie alle Knöpfe, welche du aus der Technik kennst. Du aktivierst den Knopf und damit aktivierst du das, was du in den Knopf hinein programmiert hast. Du kannst den Knopf so interaktiv und technologisch ausgefeilt machen, wie es sich für dich richtig anfühlt. Und ein einfacher an und ausschalten Knopf ist bei den meisten Programmen mehr als genug.

Der Mega Vorteil eines Knopfes ist, dass du zum Beispiel für die Lichtdusche oder für die Waschmaschine nicht mehr den gesamte Prozess in Auftrag geben musst, du kannst einfach den Knopf aktivieren und die Reinigung geniessen.

1. Gehe mindestens einmal durch den gesamten Prozess, den du programmieren willst. Das können alle Tools sein, jegliche Art von Gefühl,...
2. Gehe bis zum Ende durch den jeweiligen Prozess und fühle, wie du dich fühlst, erkenne und nimm wahr das wundervolle Ergebnis, die heilige Wirkung, dein Gefühl von Sicherheit, Verwurzelung, und andere
3. Atme diesen Status Quo in jede deiner Zellen.
4. Finde nun den Platz an deinem Körper, an dem du den Knopf programmieren willst. Wähle einen Platz, der für dich jederzeit leicht zugänglich ist.
5. Stelle dir vor, wie der Knopf aussehen soll. Welche Grösse, Farbe, Funktionalität, etc.
6. Programmiere den Knopf „Ich programmiere XYZ auf diesen Knopf, der aktiviert ist, wenn ich ihn ... [drücke, drehe, ziehe, etc. - setze ein, was für dich stimmig ist]
7. Widme dich einem anderen Thema und teste den Knopf zeit-

nah noch einmal, sodass du nachjustieren kannst, wenn du an Stärke und Wirksamkeit etwas verändern willst.

Knopf programmieren

FrequenzRegler - Knopf

Der FrequenzRegler Knopf dient dir, wenn du untertags merkst, dass deine Laune absinkt, dass du niedriger schwingst als gewöhnlich.
Wenn du zum Beispiel mit den Tools für dich wirken willst und spürst, dass du zu niedrig schwingst.
Du programmierst den Knopf so wie alles in Zeiten, in denen du in der Ruhe und Balance bist, sodass du ihn sofort anwenden kannst, wenn du ihn brauchst.

1. Gönne dir eine Lichtdusche und erde dich anschliessend gut.
2. Stelle dich ins Kreuz und spüre, dass du gut verwurzelt und aufgerichtet bist in deinem GanzSein, MenschSein.
3. Gehe nun in deine Spirale und spirale dich nach oben.
4. Spüre, wie du höher und höher schwingst und dein Leben und ErLeben wieder in aller Ganzheit erkennen kannst.
5. Wenn du willst, lächle und lasse dieses Lächeln in alle Zellen, in jedes Elektron deines Sein fliessen und strömen.
6. Wofür bist du dir dankbar? Segne alles, das dir in den Sinn kommt mit einem Lächeln und deiner höchsten Frequenz.
7. Spüre in dein Herz. Wie fühlt es sich an? Nimmst du die Weite deines Sein wahr? Atme und bade in deinem Herzen.
8. Schwinge dich noch einmal höher in deiner Spirale und programmiere dir nun den Frequenz Regler in deinen Solarplexus.
9. Achte darauf, dass du ihn aufdrehen und zudrehen kannst, ähnlich wie der FrequenzRegler an alten Radios.
10. Drehe ihn auf und ab und prüfe, wie weit die Frequenzen gehen, bessere nach, wenn es ein Nachbessern braucht.

Spirale

Die Spirale ist ein perfektes Tool, wenn du dich schnell und leicht auf eine Meta Ebene begeben willst, um deine Situation, das was ist, zu überblicken. Du kannst sie jederzeit und an jedem Ort benutzen, sie dient dir auch gut in deinen beruflichen Tätigkeiten, in denen du das ganze Bild und mehr brauchst, um eine Entscheidung zu treffen.

Wir sind häufig vermeintlich „gefangen" in Dramen.
Der Chef flippt aus, die Kinder schreien, alles scheint von einem Moment auf den anderen sich in ein Drama, eine Katastrophe zu verwandeln.
Wir „vergessen" schlicht, dass wir Schöpfer unserer Realität sind und kommen entsprechend in einen Reaktions- oder AngstStarre Modus, die meisten von uns sind in dem Moment nicht fähig, das FÜR zu erkenne. Dafür ist die Spirale ein Meisterwerk.

1. Setze dich aufrecht hin und gönne dir eine Lichtdusche.
2. Erde dich gut
3. Spirale dich höher und höher, bis du einen guten Blick auf dein derzeitiges ErLeben hast. Geh so weit in der Spirale nach oben, bis du diesen neutralen und weiten Blick erhältst.
4. Stelle dir die Fragen:
    1. Wofür ist die derzeitige Situation da?
    2. Was kannst du in dem Moment tun, um die Situation für dich zu entschärfen, wieder in deine Balance zu gehen?
5. Erhalte die Antwort und löse, lösche, wechsele deine Ausrichtung, handle und verändere.
6. Sobald das Bild für dich passt, komme aus der Spirale wieder nach unten, erde dich gut.
7. Spüre nach und geh noch einmal nach oben, wenn du nachbessern willst.

Spirale

Wasser programmieren

Wenn du Wasser programmierst, darfst du dir bewusst sein, dass du im Moment der Programmierung bereits auch auf deinen gesamten Körper wirkst. Es ist gleich gültig, ob du das Wasser programmierst, um es zu trinken oder darin zu baden, deinen Garten damit zu wässern, etc. Wie bei allem kannst du alles für viele Zwecke nutzen.

Wasser zu programmieren ist ganz leicht und im Grunde tun wir es alle unbewusst den ganzen Tag. Wir sprechen etwas aus während ein Glas Wasser in der Nähe ist. Das mag für dich simple klingen und so ist es auch. Wasser reagiert immer auf unsere Worte und unsere Gedanken. Es gibt hierzu unzählig viele Untersuchungen und Tests, die du alle im Internet nachlesen kannst.

Wasser zu programmieren hat den Vorteil, dass du nicht stets aktiv an deine Intention denken musst, weil du unbewusst daran erinnert wirst, sobald du das Wasser trinkst bzw. darin badest. Ich beschreibe den Prozess, dein Getränk zu programmieren mit dem Wissen, dass du die Transferleistung dahinter erkennst.

1. Bereite vor, was du in dein Wasser programmieren willst. Ist es eine Qualität, die du erweitern willst, ein Gefühl, etwas körperliches darf sich verändern, willst du Heilung an der ein oder anderen Stelle?
2. Gib hierfür eine klare Intention, Entweder indem du es auf einen Zettel schreibst oder indem du eine Form, ein Bild dazu erstellst, eventuell erhältst du eine entsprechende Zahl zu deiner Intention. Der für dich in dem Moment richtige Ausdruck findet dich.
3. Anschließend stellst du dein Wasser auf den Zettel. Drei Minuten genügen und du achtest auf dein Glaubenssystem. Wenn es eher 10 Minuten sein sollen, ist das auch gut.

4. Du kannst das immer und immer wieder tun oder nach einer Weile neu programmieren.

Ebenso funktioniert es, wenn du Steine programmierst. Steine sind heute noch eine leichte Möglichkeit, dich unter tags an die ein oder andere Sache zu erinnern. Achte darauf, dass du jeden Stein, der in dein Haus kommt, sofort tiefen reinigst. Am besten, indem du ihn in ein energetisches Säurebad hineingibst und mit dem Satz „ich lösche alle Programmierungen, Anhaftungen, Verklebungen, Verstrickungen und ähnliches, welche an dem Stein sind. Und ich setze hier und jetzt sofort den Stein zurück auf die göttliche Norm der Schöpfung so wie sie im Spiel des Liebens ist."

Körper und Medizin

Der Körper ist das zentrale Element in unserem Spiel auf dieser Erde. Ohne Materie keine Erde, ohne Körper kein Spiel. Der Körper ist es auch, der uns von unserem Ursprung, dem kristallinen Gitternetz massgeblich unterscheidet. Die geistige Welt bist du und in dir ist alles. Und doch bist du auf dieser Erde anders. Mehr oder weniger. Das entscheidest du. Auf jeden Fall bist du anders. Denn du hast einen Körper. Bist also feststofflich und nur so kannst du im Spiel des Liebens auf der Erde manifestieren.

Noch einmal zur Erinnerung: Bisher waren unsere Körper gewissermassen die Spielsteine, mit denen wir das ErdenSpiel gespielt haben. Wir waren weder in unseren Körpern noch sonst auf irgendeine Weise assoziiert oder gar involviert. Dieses hat uns zu unzählig vielen Erfahrungen und Möglichkeiten im Spiel der Zerstörung und damit für das neue Spiel geführt.

Nun sind wir in der Wende zum „echten ErdenSpiel". So könnten wir es nennen. Erstmalig ziehen wir vollständig in unsere Körper ein. Wir ziehen unsere Körper sozusagen an wie einen Mantel. Der Meister-Kristall, der wir sind, wohnt aktiv in unseren Körpern, im Spiel der Zerstörung war er deaktiviert und somit fühlte sich das höchste Selbst, die Seele, der MeisterKristall, wie auch immer du es nennen möchtest an, als wäre sie getrennt gewesen.

Aus der Trennung gehen wir in Einheit und Heilung auf allen Ebenen. Das hört sich so leicht an und doch ist es eine grundlegende Veränderung, die weitaus tiefer und weiter geht als zum Beispiel eine Umwandlung vom Mann zur Frau oder umgekehrt.

Bei dem, was wir im Moment erleben, geht es um ein Loslassen von allem, das wir bisher zu wissen glaubten.

Gerade eben startet auch in der klassischen Medizin das „neue" Bewusstsein über die Verbindung von Körper Geist und Seele, da ist es schon wieder veraltet.

Veraltet, weil wir heute bereits wissen, dass dein Körper eben nicht einem allgemeinen Muster folgt. Das geht ja gar nicht. Wie im Kapitel „Chakren" beschrieben, hast du selbst um einen winzigen Teil deiner Grösse, deiner Göttlichkeit, deines vibrierenden kristallinen Gitternetzes, deines MeisterKristalls deinen Körper geformt.
Du bist Schöpfer und hast deinen Körper erschaffen. Es gibt kein Fliessband, auf welchem all unsere Körper in einer GrundStruktur auf Masse produziert werden. Dein Körper ist feinste und detaillierte Handarbeit oder eher Schöpferwirken (denn als MeisterKristall hast du ja keine Hände 😊). Du hast jede einzelne Zelle, dein Aussehen, deine „Prägungen", deine Gene, alles, das du bist, selbst erschaffen.
Schliesse kurz deine Augen. Spürst du die Dankbarkeit über dich selbst? Nimmst du wahr, wie groß, wie kreativ, einzigartig, WertVoll und LiebeVoll du bist? Atme und lasse dieses Gefühl des ICH BIN RICHTIG in jede deiner Zellen strömen und fliessen.

Spürst du, dass du als Mensch einzigartig und deshalb niemals vergleichbar bist?

So kann der Schulterschmerz bei dir bedeuten, dass du einen Anteil hast, der sich schuldig fühlt, bei einem anderen kann es bedeuten, dass er für andere zu viel übernimmt.

Du hast deinen Körper gemacht und entsprechend dient dein Körper dir für alles, das du in dir entWickeln willst. Es ist also immer ein individuelles „hinter die Geschichte blicken", das zur Heilung beitragen kann. Bei allem, das für deinen Körper wirken kann, haben wir heute, in 2022, den entscheidenden Vorteil, dass die klassische Medizin weit fortgeschritten ist.

So kannst du bei deinen energetischen Heilungsprozessen jegliche Technik aus der klassischen Medizin für dich nutzen. Du kannst Organe entfernen und mit einem gereinigten Organ aus der göttlichen Norm der Schöpfung ersetzen. Du kannst jegliche Art von Unfall durch Zeitreisen entschärfen. Und noch vieles mehr. In unseren Crystal Flows[30] heben wir dich vollständig aus Zeit und Raum, sodass alles in und an deinem Körper wirksam ausgetauscht werden kann, in diesem Programm finden geniale Operationen statt, die mit Worten kaum zu beschreiben sind. Du findest einige der gängigsten Tools in diesem Buch und besonders wenn es um deinen Körper geht, kann es sein, dass du für dich die Geschichte hinter der Geschichte nicht gleich erkennst, dass die Schmerzen dich so beeinflussen, dass du eben nicht sofort weißt, was das Beste für dich sein kann, dass die Diagnose einen Teil von dir derartig in den Trigger gebracht hat, dass du nicht mehr klar sehen kannst, etc. In diesen Fällen ist es eine gute Idee, wenn du dir Unterstützung von aussen gönnst.

Zuletzt möchte ich hier noch eine Brücke zur klassischen Medizin bauen. Auch wenn ich selbst nicht der MegaFan bin von der Mechanik und Technik mit welcher heute die klassische Medizin durchgeführt wird, empfinde ich die Technik und den medizinischen Fortschritt, den wir heute haben, als eine perfekte Unterstützung für die energetische bzw. systemische Heilung des MenschSein. Dort wo un-

---

[30] https://loahoku.com/fernbehandlung/#crystal-flow

ser Verstand mit der ein oder anderen Möglichkeit bereits vertraut ist, steht er der Heilung auf anderen Ebenen nicht mehr im Weg. Das ist das eine und das andere ist, dass unsere Körper in 2022, im Übergang von der Zerstörung ins Lieben, an vielen Stellen noch sehr grobstofflich und fest sind. Entsprechend kann ein Hand in Hand gehen von klassischen Methoden und Anwendungen und energetischem Heilen ideal für die schnelle Genesung dienen.

Die energetische Heilung behebt das vermeintliche KrankSein an der Wurzel, der Ursache des Geschehen, während die klassische Medizin die Symptome behebt. Was gibt es besseres als die Hochzeit von neu und alt, dick und dünn, männlich und weiblich und das auf allen Ebenen und in allen Bereichen des Lebens. Wir sind dabei, die Dualität der Erde als einen Faktor zu erkennen, der für uns wirkt. Denn indem wir alles als richtig anerkennen, entsteht in uns die Balance, die wir brauchen, um unsere Göttlichkeit, unser SchöpferSein in unserem GanzSein, MenschSein zu leben.

Es ist an manchen Stellen eine große Erleichterung, wenn der Zahn, der bereits seit so langer Zeit tobt und schmerzt, endlich unser System verlässt und von einem Fachmann gezogen wird. Gleichermassen wichtig ist es, dass wir auf der anderen Seite die Wurzel des ganzen erlösen und löschen, die zum Beispiel sein kann, dass wir uns zu viel von anderen aufgeladen haben, etc. Eins geht mit dem anderen.

Also, lasst uns Hand in Hand gehen. Denn so können Wunder geschehen.

Und zuletzt: Ja, ich weiss, dass energetisches Heilen alles ist, das wir brauchen. Theoretisch. Praktisch ist es - wie erwähnt - so, dass unser Verstand, unsere kollektive und soziale Prägung, die Glaubenssätze und Blockaden in uns, uns immer einmal wieder davon abhalten. Zumindest ist das heute, in 2022, noch häufig so. Warum also gegen

das, was ist, angehen und kämpfen? Es ist viel leichter und geht deutlich schneller, wenn wir anerkennen, wer und was wir sind, um daraus einen Schritt weiter in unser Spiel des Liebens zu machen.
Sobald unsere Körper vollständig verfeinstofflicht sind, wird der Übergang vollzogen sein. Bis dahin ist es einfach genial, dass wir das Wissen und die Technik aus beiden Welten nutzen können.

Und dieses gilt übrigens für alles, das ist. Wir dürfen und sollen sogar die Wissenschaft, die Erkenntnis und die Techniken aus beiden Welten nutzen. Nur so entsteht Frieden in uns, aus dieser Harmonie entsteht Heilung auf allen Ebenen unseres Sein.

Für die Medizin gilt das Gleiche. Es gibt wunderbare Tools und Möglichkeiten. So kannst du aus der kosmischen Apotheke quasi alles in der richtigen Dosierung erhalten, einfach indem du es dir als Download holst. Und im Moment ist unser Körper so grobstofflich, dass er sich zusätzlich freut über eine materiell verabreichte Dosis von den Stoffen und Mitteln, die ihn in diesem Moment nähren[31]. Grundsätzlich sind alle Mineralien und aus der Erde gewonnenen Stoffe wahre HeilBrunnen für uns. Ob du sie dir nun aus der kosmischen Apotheke oder aus der klassischen Apotheke holst.
Die kosmische Apotheke widerspricht nicht der klassischen Apotheke, sie ergänzt sie. Und sobald unser Körper vollkommen verfeinstofflicht ist, wird die kosmische Medizin unsere klassische Medizin ersetzt haben. Bis dahin dürfen beide auch hier Hand in Hand gehen.

---

[31] Aus unserer Erfahrung ist in dieser Zeit des Wandels, in dem die meisten von uns unzählig viel in sich verändern / transformieren / löschen / neu erschaffen Magnesium ein wahres WunderMittel

Denn das, was der Verstand glaubt, kann er unterstützen, kann deinen HeilungsProzess extrem fördern. Das richtige Mass ist auch hier der Faktor all dessen, was es ist. Insofern findest du hier einige der zahlreichen Tools, die deinem Körper beim Übergang in die neue Dimensionen hilfreich sind:

Diese Tools sind in anderen Kapiteln bereits beschrieben:
- In die Erde legen
- Verwurzeln
- Zeitreisen (Zeit kürzen / verlängern)
- Atmen

Kreuz

Das Kreuz ist alles und alles ist in uns. Das Kreuz verbindet alle HimmelsRichtungen, alle Seiten, Himmel und Erde, Göttlich und Irdisch, etc.
Es steht für dein MenschSein, da es dich vollständig in dein JA! katapultieren kann.
Indem du dich täglich (gerne auch mehrmals) in deinem Kreuz ausrichtest, erfährt dein System die Aktivierung deiner Göttlichkeit IN deinem MenschSein.

Zum Kreuz gibt es einen WunderVollen FrequenzBoost, der dich tief und tiefer in dein MenschSein hineingeleitet und Heilung auf allen Ebenen ermöglicht. Erwarte Wunder!

Du kannst dich unter anderem so in deinem Kreuz ausrichten:
1. Stelle dich gut verwurzelt hin, sodass deine Füsse so breit wie deine Hüften stehen.
2. Nimm deine Arme gestreckt nach oben, sodass jeweils der rechte Arm und das linke Bein und das rechte Bein und der linke Arm eine Diagonale bilden.
3. Spüre in dich hinein. Und gib dir und deinem MenschSein, deinem GanzSein, deinem VerbundenSein mit allem, das ist, ein JA!
4. Fühle in dich hinein. Spürst du, wie fest, stabil, geerdet und ganz du dich fühlst?

Noch leichter ist es, wenn du dich täglich ein paar Minuten lang in die Kreuz Frequenz[32] hinein legst.

---

[32] https://loahoku.com/frequenzboost/#frequenzboost-kreuz

Kreuz

Energetische OPs / Diagnosen / Labels entfernen

Eine energetische Operation ist in 2022 keine Besonderheit mehr. Es ist immer die Frage, auf welcher Basis findet die Operation statt, mit welcher Ausrichtung. Denn diese bestimmt die Wirksamkeit.
Die Basis ist also auch hier dein JA! Zum MenschSein und zum GanzSein auf dieser Erde.

Wir alle haben unzählig viele Diagnosen, Schubladen, Titel, Bezeichnungen und Rollen. Wenn wir alle bewusst und Schritt für Schritt entfernen, brauchen wir viele Jahre oder gar Jahrzehnte. Mit dem Crystal Flow[33] geht das innerhalb von 3 Stunden. An der Wurzel des Geschehens löschen wir Labels, Rollen, Diagnosen, etc.

Und vieles kannst du bereits selbst entfernen:
1. Setze dich hin, wenn du den Impuls spürst, gönne dir eine Lichtdusche und erde dich gut.
2. Gib die Intention ins Feld: Gib mir alle Rollen, Labels, Titel, Bezeichnungen, Namen, Diagnosen und Krankheiten, die mich im Moment für meinen nächsten Schritt ins MenschSein / GanzSein behindern.
3. Nimm ein Blatt Papier und schreibe so schnell wie du kannst alles auf. Mach keine Pause. Schreibe, bis deine Pausen länger als 50 Sekunden sind.
4. Blicke dann auf das Papier und gib ins Feld „alles löschen, lösen auf allen Ebenen, in allen Dimensionen, Zeiten und Räumen. Jetzt."
5. X-e nun jedes einzelne Wort / jeden Begriff aus und spüre, wie die Wurzel, die Geschichte hinter der Geschichte, gelöscht ist.
6. Spüre wie du freier und freier bist.

---

[33] https://loahoku.com/fernbehandlung/#crystal-flow

7. Atme 5 tiefe Atemzüge, sobald du fertig bist und spüre, wie die Reste deiner „Identitäten" aus dem Spiel der Zerstörung aus dir gelöst werden.
8. Spüre deinen Raum in dir und um dich. Wie leicht fühlst du dich?
9. Wenn du fertig bist, kannst du das Papier entsorgen, verbrennen, zerreißen. Was auch immer für dich richtig und wichtig ist.
10. Wenn du noch Zeit hast, fühle aus deinem neuen Freiraum heraus, wie du dich fühlen willst, welche Qualitäten du leben willst, was du für dein neues Spiel des Liebens sein oder tun willst.
11. Schreibe auch hier alles auf, bis du mehr als 50 Sekunden Pause hast.
12. Lies nun jeden Begriff, jedes Wort durch und mache ein N darüber, indem du spürst, dass du es durch deinen Körper und dein MenschSein auf die Erde bringst.

Energetische OP, Labels / Diagnosen löschen

SchlammBad, WasserBad

Das Schlammbad ist einer meiner Lieblinge. Du kannst es energetisch und physisch wirken lassen. Wie bereits häufig erwähnt, ist dein System in 2022 noch ausgerichtet auf die Materie, sodass bei besonders tiefen Themen das physische Schlammbad hohe Wirksamkeit bringt.

Das Schlammbad eignet sich besonders dann, wenn du „fliegst", nicht geerdet bist. Das kann auch bei Schmerzen so sein. Denn alles, das unserem System nicht so gefällt, lässt uns aus alter Gewohnheit aus dem Körper gehen.

1. Finde Erde, Steine, Wasser, Schnee, Wiese in deiner Umgebung.
2. Gehe entweder mit deinen nackten Füssen in das jeweilige Element und spüre, wie dein Schmerz, der Druck, die Angst, deine Verspannung etc. in die Erde fliesst oder
Lege dich nackt in das Element hinein, spüre die Materie, den Flow in dir und in der Materie und lasse alles, das dich in der Zerstörung hält, hinein fliessen.

SchlammBad, WasserBad

WirbelsäulenAufrichtung / WirbelsäulenEntnahme

Dieses Tool ist eines der „Profi Tools", welche du in Eigenregie eher nicht verwenden wirst. Das kannst du ähnlich sehen wie in der aktuellen klassischen Medizin. Es ist durchaus möglich, dass der Arzt sich selbst für kleinere Wunden verarztet und Schmerzen lindert.

Es wird keinen Arzt geben, der bei sich selbst eine Operation am offenen Herzen oder an der Wirbelsäule durchführt. Technisch kannst du das natürlich jederzeit tun, weil du Schöpfer bist. Doch energetisch und für die Wirksamkeit des Ganzen macht es wenig Sinn, da besonders hinter den grösseren Operationen große Themen, teilweise Traumata, Genetische und Epigenetische Defekte, etc. stecken, die ein wirksames und sauberes Vorgehen behindern.

Für uns ist eine Operation wie diese heute ein sogenannter Routine Eingriff, den wir in der Meisterschule[34] und im Entwicklungurlaub einsetzen, wenn dein System nachhaltig destabilisiert, aus der Bahn geworfen, in der Disbalance ist. Oder wenn du vermeintliche Diagnosen an der Wirbelsäule oder am Bewegungsapparat hast.

---

[34] https://loahoku.com/meisterschule / https://loahoku.com/entwicklungsurlaub

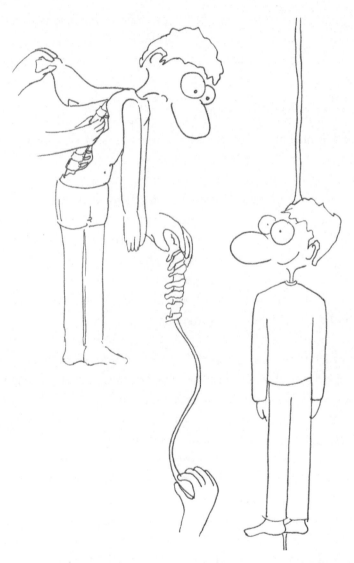

WirbelsäulenAufrichtung / WirbelsäulenEntnahme

Die Natur, die Tiere und die Elemente

Je tiefer wir eintauchen in das Spiel des Liebens, umso feinstofflicher werden unsere Körper, umso feiner wird unser Geist. Dort, wo wir an der ein oder anderen Stelle im Spiel der Zerstörung beschäftigt waren mit uns und unseren „Sorgen", haben wir immer mehr Freiraum in uns, aus dem heraus wir die Natur in uns spüren.
Wenn ich sage „die Natur in uns spüren", meine ich nicht, dass wir im Wald baden als ob der Wald ausserhalb von uns ist und wir uns einfach aufladen, um aufgetankt und gefüllt wieder zu gehen.

Indem wir tiefer und tiefer eintauchen in unsere Wahrhaftigkeit, spüren wir, dass wir aus dem selben Holz geschnitten sind wie der Baum. Dass der Baum nicht zufällig da steht, sondern der Spiegel für einen Anteil in uns ist. Ebenso wie die Blume, das Gras, der Rabe, etc. Bäume, Pflanzen, ja auch unzählig viele Tierarten fühlen nichts. Doch wir fühlen sie. Und entsprechend haben wir einige Geschichten um die Natur und die ErdElemente herum erschaffen.

Auch hier ist es so, dass wir alle alten Geschichten erst einmal in uns auflösen, erlösen, löschen und loslassen dürfen, um einzusteigen in das Neue Spiel. Die Natur ist für dich da. Ebenso alle Elemente, Tiere, ja alles, das lebt und ist. Entsprechend ist allEs nicht da, wenn du nicht bist. Wenn du also dem Baum und seinem Stehvermögen Ehre erweisen, ihm für seinen Schatten, seine Kraft, seine Weite, etc. dankst, dankst du dem gleichen Anteil in dir. Entsprechend ist es so, dass der Missbrauch all dessen, was ausserhalb von dir ist, ein Missbrauch deines Selbst gleicht. Die Tiere sind für uns hier auf diesem Planeten. Indem wir sie erforschen, erforschen wir zu einem großen Teil uns selbst. Indem wir zu erkennen versuchen, was sie bewegt, kommen wir unseren eigenen Gefühlen näher.

Denn Tiere haben keine Gefühle. Sie sind zum grössten Teil nicht einmal mit einem MeisterKristall versehen. Und entsprechend sind alle NichtSäugetiere zwar Teil des kristallineren Gitternetzes, nicht jedoch in Form von MeisterKristallen sondern in einer speziellen Form als sozusagen ZwischenRäume, Ergänzung des großen Ganzen. Wir könnten auch sagen, als Nahrung für die, die sich dieses wünschen. Die meisten aller Tierarten, die heute noch auf unserem Planeten sind, wird es nicht mehr geben, sobald wir vollkommen im Spiel des Liebens angekommen und gläsern sind. Konkreter gesagt, werden alle Tiere, die aus der Zerstörung für die Zerstörung hier sind, um uns bestens zu spiegeln, den Planeten verlassen. Du fragst dich vielleicht, welche Tiere das sind? Alle Tiere, die andere Tiere fressen oder zerstören. Sie sind ja nicht mehr gebraucht, damit wir uns mit ihnen vergleichen. Also können sie ebenso gut gehen.

Viele Menschen sind heute ihrem Haustier näher und Herz offener als sie jemals zu Menschen sein könnten. Frei nach dem Motto „alles, das deinen Verstand weitet, ist erlaubt" kann dieses eine gute Methode sein, zu üben, das Herz zu öffnen. Doch selbstverständlich hält ein Haustier als Partner in deinem ZweierSystem dich von einer glückselig gelebten geliebten Partnerschaft ab. Und... wenn du in einer glückselig gelebten geliebten Partnerschaft bist, interessierst du dich nicht für (d)ein Haustier oder nicht für deinen Partner. Entsprechend wird es im Spiel des Liebens keine Haustiere mehr geben. Wofür auch. Wer braucht einen Ersatz für einen Menschen an der Seite, da wir alle die Wahrhaftigkeit der Liebe mit den Menschen um uns leben.
Auch für die Pflanzen gilt es, dass nur die mit ins neue Spiel gehen, die für uns sind. Giftige, Zerstörung verbreitende Pflanzen verlassen wir von selbst den Planeten.

Alles, das den Planeten verlässt, wird von uns nicht einmal bemerkt werden. Und das ist gut so. Der Fluss fliesst. Er bleibt nicht voller Sorge stehen, weil er den ein oder andern Stein, Fisch, Baum oder Busch verloren oder mitgerissen hat. Entsprechend fliesst dein Leben. Und du darfst dich diesem Flow hingeben.

So wie heute noch deine Wahrnehmung der Tiere und Pflanzen in deinem ErLeben dich zu dir führen kann, so dienen auch alle Elemente der Erde der Heilung unseres neuen MenschSein.
Die Erde und du, ihr seid vollkommen identisch. Jegliche Form von Materie ist gleich. Künstlich erschaffen oder natürlich gewachsen. Alle Materie ist gleich. So ist dein Körper vollkommen identisch mit der Erde, solange bis du deinen MeisterKristall aktivierst und deinen Körper vollkommen „angezogen" hast. Wenn wir also im Spiel des Liebens vollkommen angekommen sind. Wenn wir MenschSein nicht mehr spielen sondern sind, kann sich all dieses wiederum verändern. Und bis dahin vergeht sicherlich noch ein wenig Zeit und wir gehen einfach einmal vom heutigen Sein aus.
Besonders bei den Elementen gilt, dass weniger mehr für dich sein kann. Die Elemente haben in sich bereits eine so große Kraft, ein Hingeben an die Elemente ist genug. Da braucht es keine langen Rituale, keine tiefen Prozesse. Hingabe ist es, das Heilung in der Tiefe für dein MenschSein bringt.

Das Wasser, alle Flüssigkeiten in dir entsprechen dem Wasser der Erde. Die Haut, deine Zellen, Organe, etc. entsprechen der Erde, dem Humus, deine Gefühle, das Feuer der Verbrennungsprozesse in dir entsprechen dem Feuer, deine Gedanken und dein Wegfliegen, deine Hintertürchen, entsprechen der Luft.

So kannst du diese Elemente also bestens für deine Heilung nutzen. Programmiere das Wasser, das du trinkst und du programmierst die Flüssigkeiten in dir. Segne das Wasser des Baches und du segnest die Flüssigkeiten in dir. Bade im Schlamm und erinnere deine Zellen damit, dass du heilig bist, so wie die Erde, spüre, wie schnellstens Heilung einsetzt. Lege dich in die Erde und spüre dein Verwurzelt Sein. Verbrenne die Materie, die dir nicht mehr dient im Feuer und erinnere damit deinen Körper an die heilsamen Verbrennungs- und Verdauungsprozesse, die damit angeregt werden können, indem du Materie loslässt. (Ist dir schon einmal aufgefallen, dass Menschen, die an allem festhalten, häufig unreine Haut haben, schlechte Verdauung, fahle Haut, eine träge Leber oder Milz, etc.) Wie im Innen so im Aussen. So kannst du an deinem Aussen festmachen, wie es bei dir im Innen aussieht. Stelle dich in den Wind und spüre, wie die Gedankentätigkeit wie weggeblasen ist, dein Verstand sich verlangsamt und du tiefer und tiefer in dir ankommst.

Es gibt noch so vieles zu sagen zu diesem Wunderbarhaften Thema der Materie ausserhalb von uns und das hat wohl Raum im nächsten Buch.

Schnelle KraftQuellen für dich

Die Welt ist heute, in 2022 noch tiefer in der Zerstörung als in der Liebe. Solange das so ist, kann es immer wieder vorkommen, dass du dich an der ein oder anderen Stelle durch das Kollektiv berühren lässt und in die Zerstörung abrutscht. Am leichtesten ist es für dich und dein System, wenn du dich in Feldern höchster Frequenzen bewegst, die gleichzeitig für dein neues MenschSein wirken. In diesen Feldern, die wir bei loahoku für dich aufbereiten und öffnen, werden die Frequenzen so an dein MenschSein angepasst, dass du nicht wegfliegen musst, sondern mehr und mehr hier ankommst. Und darum geht es im neuen Spiel des Liebens. All unsere Programme bei loahoku sind entsprechend schnelle und hoch wirksame Kraftquellen für dich.

- Der EntwicklungsUrlaub[35] gibt dir die schnellste und wirksamste, exklusive und freie Möglichkeit, jederzeit und ganz ohne Gruppe dein Sein, die Zerstörung in dir zu erkennen und dich von überholten Mustern und Gedanken, Verhaltensweisen und Symptomen zu befreien. Der Entwicklungs Urlaub ist sozusagen das exklusive Highlight für dich und dein schnelles EntWickeln im MenschSein, dein FreiSein und GanzSein auf allen Ebenen. Du erhältst unzählig viele Tools und Möglichkeiten für dein Leben, Lieben, Sein im Spiel des Liebens.
- In der Meisterschule[36] erfährst du in der Gruppe, wie du die Frequenzen bestens für dich und deine Lieben nutzen kannst. Du wirst deiner Selbst bewusst, Heilung findet statt auf allen Ebenen deines Sein, du kommst mehr und mehr in deinem MenschSein und GanzSein an und erhältst eine unendliche Anzahl an Tools und Möglichkeiten für dich und dein Leben, Lieben, Sein im Spiel des Liebens.

---

[35] https://loahoku.com/entwicklungsurlaub/

[36] https://loahoku.com/meisterschule

- Crystal Flow[37] und alle Programme darum herum sind leichte und schnelle Möglichkeiten, dein Entfalten, deine Veränderung zu unterstützen, denn durch die spezielle Technik des Crystal Flow können sich Wurzeln in dir lösen, die durch den Verstand festgehalten oder versteckt waren. So ist in 3 Stunden viel Heilung und Veränderung in der Tiefe deines Seins möglich. Viele unserer Kunden buchen den Crystal Flow als die leichteste Ergänzung und Erweiterung der Meisterschule oder anderer Programme mit uns.
- Der FrequenzBoost[38] ist ein Tool, welches ich ungerne als Tool bezeichne, denn es ist sozusagen die Weite aus dem göttlichen Feld der Wunder in Form gebracht, sodass tiefe Heilung initiiert werden kann.
So ist die liegende Acht und dein kristallines Gitternetz (die Merkaba), das Kreuz und vieles mehr in der NichtForm heilender Klänge pure LichtNahrung und Transformation für dein System.
- LichtRaum[39] und Feld der Wunder[40] sind Möglichkeiten für dich, dein Sein auf Kur zu schicken, sodass sich Entspannung, Resilienz und Erholung einstellen können.
- Es gibt noch so vieles, mit dem du mit uns im Bezug auf deine Heilung wirken kannst, und am besten ist es, wenn du deinem ersten Impuls folgst, denn dein System weiß, was gut für dich ist, auch wenn dein Verstand keine Ahnung hat, worum es geht.

Generell gilt je weniger dein Verstand versteht, umso mehr Heilung kann in der Tiefe entstehen.

---

[37] https://loahoku.com/fernbehandlung/#crystal-flow

[38] https://loahoku.com/frequenzboost/

[39] https://loahoku.com/fernbehandlung/#seelenheilraum-lichtraum

[40] https://loahoku.com/fernbehandlung/#feld-der-wunder

Jenseits dessen, was also dein Verstand versteht, gibt es unzählig viele Möglichkeiten, die dich schnell wieder zu dir selbst und in deine Mitte bringen. Einige davon findest du hier:

- dein FrequenzKnopf, den du dir programmiert hast
- Mantren, die in der Leichtigkeit schwingen [41]
- Filme, Filmszenen, die dich zum lachen bringen bzw. hohe Leichtigkeit ausstrahlen
- Tanzen
- Springen
- Hüpfen
- In fliessendem Wasser baden
- Die Weite und Tiefe deines Herzens spüren
- Dich auf deine Spirale begeben
- ...

---

[41] Viele Mantren sind noch vollkommen im Zerstörungs Modus. Du spürst das sofort, wenn du dich während bzw. nach dem Hören der Mantren schwer oder müde oder ausgelaugt, traurig,... fühlst. Vertraue dir und programmiere für dich „ich finde die für mich perfekten..."

Der Atem

Ist deine natürlichste KraftQuelle die du in deinem MenschSein hast. Viele Menschen atmen nur im oberen Bereich und fliegen so gleichsam über die Erde. Dissoziiert und weit weg vom MenschSein.

Es gibt mittlerweile unendlich viele wirksame und schöne Atemübungen. Sie haben alle ihren Platz und brauchen Zeit und Raum, den wir manchmal scheinbar nicht haben.

Wenn du einfach schnell und überall ankommen willst in dir, genügt oft dein Erinnern, dein bewusstes Sein. Nicht nur im Leben an sich, sondern auch mit deinem Atem. Egal, wo du bist und wie du dich fühlst. Sobald du deines Atems bewusst bist, erfährst du dich, deinen Körper, deine Erdung wieder ganz. Wenige Minuten genügen. Ob du an der Kasse sitzt oder in einem Raum mit vielen Menschen. Das geht überall. Und es wirkt überall.
Je häufiger du dich bewusst mit deinem Atem verbindest, während du in der Ruhe bist, umso schneller wird das tiefe und bewusste Atmen und damit dein in dir zentriert sein zu einer Gewohnheit.

Verbinde dich mit deinem Atem

1. Sei in der Körperhaltung, in der du dich gerade befindest und achte auf eine aufrechte Wirbelsäule, damit der Strom des Lebens durch dich hindurch strömen kann.
2. Behalte deine Augen geöffnet. Du musst nicht einmal in der Aktion innehalten, in der du dich gerade befindest.
3. Widme deine Aufmerksamkeit deinem Atem.
4. Stelle dir die Fragen:
    - Wie fühlt sich dein Atem an?
    - Ist er flach oder tief?
    - Fühlst du ihn oben oder unten?
    - Fühlst du den Atem überhaupt?
5. Dabei musst du deinen Atem nicht verändern, du musst ihn nicht beurteilen. Du beobachtest einfach, als ob du etwas ausserhalb von dir beobachtest.
6. Mache die Übung so lange bist du spürst, wie wie du immer ruhiger und zentrierter bist.

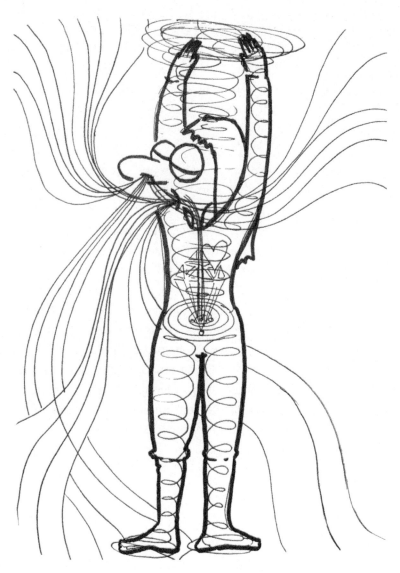
Verbinde dich mit deinem Atem

BegriffsErklärung

Im Folgenden findest du einige Begriffe in ErKlärung gebracht für dich. Wir alle sind im Moment mitten darin in der WandelZeit. Es mögen also neue Begriffe hinzukommen oder weggenommen werden. Begriffe werden sich verändern, je tiefer wir in die Liebe gehen und andere werden nicht mehr existieren. Doch dieses sei die Basis für alles weitere.

Spiel des Liebens Ist das Spiel, welches wir als inkarnierte MeisterKristalle nun spielen wollen. In diesem Spiel des Liebens kommen wir erstmalig seit ErdenBestehen als Menschen auf diese Erde, indem wir unsere gesamte Vollkommenheit, Schöpferkraft, unseren MeisterKristall in diesen Körper fliessen lassen. Die Voraussetzung für das Spiel des Liebens ist, dass wir uns aus der Zerstörung befreien, mit einem JA! zur Erde ankommen in unserem Körper und uns so tief in Erde und Himmel verwurzeln. In diesem GanzSein, in dieser Verschmelzung von Männlich und Weiblich erwächst unsere Vollkommenheit, unsere göttliche Essenz, unsere SchöpferKraft.

Spiel der Zerstörung

Bisher spielten wir seit Beginn der Erde das Spiel der Zerstörung. Wir haben alles ausprobiert, welches uns, unsere Körper, die Materie und die NichtMaterie bestmöglich zerstören kann. Wir haben alles erprobt, welches uns in die tiefste Form von Trennung und Abgeschiedenheit führen kann. Wir haben jegliche Art von Zerstörung auf unzählig viele Arten und Weisen in die Welt gebracht. Getrennt von allem, das ist, fliegen wir in diesem Moment als „HalbMenschen" über die Erde. Die Zerstörung ist bereits beendet, auch wenn im Aussen dieses noch nicht erkennbar ist.

Kristallines GitterNetz, auch göttliches Feld der Wunder

Das Kristalline GitterNetz ist alles. Es ist die Weite des Universums, es ist eine Ansammlung aller MeisterKristalle. Alles, das auf dieser Erde existiert, findest du in diesem Kristallinen GitterNetz. Ebenso findest du die geistige Welt, die Bewohner aller Galaxien und Universen, einfach alles, das lebt in diesem Netz. Wenn du gut siehst, siehst du es in dem Moment, in dem du jetzt die Augen schliesst. Du bist Teil des kristallininen GitterNetzes. Ob du das gut findest oder nicht. Ob du das willst oder nicht. Du bist ein MeisterKristall von unendlich vielen. Als MeisterKristall bist du in deinem WunderSchönen Körper inkarniert.

Dunkelheit

Für viele Menschen ist Dunkelheit das, was wir löschen müssen, es ist das, was nicht zu unserem Leben gehören darf, etwas, das wir „bekämpfen" müssen. Wir bei loahoku haben die Erfahrung gemacht, dass die Dunkelheit ebenso zum Leben gehört wie das Licht.

Es geht aus unserer Wahrnehmung nicht darum, etwas nicht zu leben oder zu sein, es geht darum, dass wir unsere Dunkelheit in uns erkennen und sehen. Wenn du weißt, dass du laut bist, übergriffig oder wütend, dann muss dieses Gefühl sich nicht „plötzlich" groß machen und dein gesamtes Leben übernehmen. Wenn du weißt, wer du bist, hast du alles zur Verfügung. Es geht in unserem Spiel des Liebens darum, dass wir auf alles, das wir sind zugreifen können. Wertfrei und voller Dankbarkeit für die Weite unseres Sein.

Es ist dunkel und hell, tief und flach, schön und hässlich auf dieser Erde und genau dieses macht die Erde aus. Indem wir die Dualität der Erde in uns erkennen und wertfrei in die Balance, in den Flow des Lebens bringen, können Wunder geschehen. Nur dann können wir auch unser Licht, unsere Göttlichkeit auf die Erde bringen.

Wächter	Situationen, Implantate, Programme, Programmierungen, Menschen etc. die wir selbst beauftragt haben, alte Schwüre, etc. zu bewachen. Je nachdem, wie kreativ du bist, kann ein Wächter ein Mensch sein oder etwas fast unsichtbares. Immer hat der Wächter dir in einer Situation der Zerstörung gedient. Du kannst mit einem Wächter das tun, was du mit einem echten Angestellten tun würdest. Wenn du ihn noch heute benötigst, seine Aufgabe dich also nährt, dann gib ihm eine Gehaltserhöhung und erfreue dich daran. Wenn er dich zerstört und nicht nährt, entlasse ihn, zahle ihm eine Abfindung für geleistete Dienste und gib ihn frei oder zahle ihm ein Umschulungsprogramm und setze ihn für das Spiel des Liebens ein.
MeisterSchule	Die MeisterSchule ist in Worten kaum zu beschreiben. Es ist das vollständig gechannelte Format, mit welchem wir dich in deiner Entfaltung unterstützen. Du kannst die 5 Monate Ausbildung nennen, wenn du willst und wenn dein Verstand eine Form braucht. Doch darunter und darüber ist es weitaus mehr. Es ist deine Brücke, dein Beschleuniger für dich und dein Spiel des Liebens. Du findest viel Information auf unserer Seite. https://loahoku.com/meisterschule. Bade darin und du wirst wissen, was die MeisterSchule für dich sein kann.

Gläsern sein, der gläserne Mensch

Je tiefer wir im Spiel des Liebens sind, umso durchsichtiger sind wir auf allen Ebenen unseres Sein. Das bedeutet, wir selbst kennen unser Licht und unsere Dunkelheit, haben unser Herz weit geöffnet, da wir ohne Resonanz durch die Welt gehen und lieben, leben, lachen mit den Menschen an unserer Seite, die ebenso wie wir gläsern sind. Wir haben also uns selbst durchschaut und leben uns im GanzSein, ebenso durchschauen wir die, die mit uns sind und dieses ist eine wichtige Basis für die pure Liebe, die wir leben. Insofern werden Themen wie Datenschutz oder sonstige Geheimhaltungen unwichtig, da wir alle gläsern sind. Entsprechend dient das Internet, die Öffnung der Kommunikation und die Mentalität des immer und überall gesehen sein dieser Entwicklung. Im Sinne von: „alles, das mein Verstand bereits kennt, fällt ihm leicht, zu akzeptieren. Alles, das er akzeptieren kann, macht den Weg frei für mein EntFalten"

Vom Fliegen und Erden

Viele tausende von Jahren war es wichtig für uns im Spiel der Zerstörung genau nicht hier auf der Erde verwurzelt zu sein sondern jederzeit, wenn es scheinbar gefährlich wurde, aus dem Körper zu gehen und zu fliegen. Dort wo du fliegst, darfst du dich immer wieder bewusst erden. Auch wenn das natürlich nichts bringt, solange die Entscheidung, das JA! nicht vorhanden ist. Solange der Magnetismus der Erde so hoch war, hat die Erde uns gewissermassen an sich gebunden. So konnten wir fliegen und gleichzeitig unser Spiel auf der Erde spielen.

Heute gehen wir ins Spiel des Liebens. Basierend auf unserem JA! zum MenschSein kommen wir in unseren Körpern an, füllen sozusagen den Körper ganz. Wir spielen nicht mehr aus der Distanz sondern sind selbst der „SpielStein", der das Spiel spielt. Gleichzeitig werden die Frequenzen höher, die Liebe strömt ein, unsere Körper und die gesamte Materie wird immer feinstofflicher. Ohne das bewusste JA! findet kein Verwurzeln statt und wir fliegen meterhoch.

Im Spiel des Liebens brauchen wir also ein JA! Und daraus die Verwurzelung in der Erde. Schluss mit Fliegen. Wer braucht das schon, wenn wir endlich die Liebe auf dieser Erde leben dürfen und das in unseren schönen Körpern.

Verbrennen oder nicht? Wir erhalten oft die Frage, ob es wichtig ist, die Papiere, auf welchen wir arbeiten und wirken, zu verbrennen oder nicht. Auch hier folge bitte deinem Glaubenssystem. Wenn es für dich genügt, einfach die Papiere zu zerreissen und sie in den Papiermüll zu geben, dann ist das alles, das es braucht. Ist dein System ruhiger, wenn du alles verbrennst, dann gib es in eine Flamme, und sieh wie sich alles transformiert und Kraft freisetzt.

Manipulieren und Manipulation Wörtlich übersetzt bedeutet das Verb manipulieren, dass etwas oder jemand durch bewusste Beeinflussung in eine bestimmte Richtung gelenkt wird, etwas geschickt gehandhabt wird, etwas mit bestimmten Handgriffen an eine Stelle gebracht wird, etc. (du kannst den Begriff selbst erforschen).

Der Begriff an sich hat also vollständige Neutralität so wie die meisten Worte, die wir derzeit im deutschen Sprachgebrauch haben. Und doch löst das Wort bei so vielen Menschen eine Abwehr aus. Warum? Weil im Spiel der Zerstörung das Ziel die Zerstörung war und auf diesem Ziel ein Menschenbild aufgebaut wurde, welches nur zerstören kann.

So wurde es in all unsere Zellen gepflanzt, dass wir als Menschen von aussen manipuliert, angegriffen, verletzt, (fehl)programmiert, beeinflusst,... werden können.

Das ist natürlich nicht richtig, es sei denn, dieses Glaubenssatz in uns ist grösser als unser Wissen, dass wir, also du und ich und er und sie,... Schöpfer sind.

Sobald du in dir erkennst, wer du wirklich bist, lachst du über die Idee, dass irgendetwas oder irgendwer im Aussen dich manipulieren oder beeinflussen können. Niemand kann etwas in dir oder in deinem System beWirken, verändern, etc. das du selbst nicht willst. Deine Intention macht dein Leben. Die bewusste und die unbewusste. Auch deshalb ist es in dieser WandelZeit so wichtig für dich, dass du dich erkennst. Nicht so, wie du gerne sein willst, sondern so, wie du wahrhaftig bist.

Prägung

Aus der universellen Perspektive betrachtet, gibt es keine Prägung, die für immer auf dir kleben musst. Nicht einmal dein Sternzeichen hat mehr Einfluss auf dich selbst als du selbst.

Einfluss können Prägungen, die IMMER von aussen kommen, nur dann auf dich haben, wenn du unbewusst bist, nicht weißt, wer du bist und woher du kommst und vor allem, wenn du dich ohnmächtig und als Opfer fühlst.

Du bist Schöpfer und machst deine Welt. Von der ersten Idee deiner Eltern, miteinander Sex zu haben, bis zum heutigen Tag.

Wenn du dieses in jeder deiner Zellen inhaliert hast, wenn du mit deinem JA! ganz auf der Erde in deinem GanzSein, in deinem MenschSein bist, weißt du, dass jede Art von Prägung einfach nur da ist, um dein Leben in der Zerstörung etwas interessanter zu gestalten. Es ist im Spiel des Liebens nicht mehr gebraucht und so kannst du es loslassen. Die Prägung löschen. In einem Säurebad zum Beispiel.

Und noch einmal sei erwähnt: Auch dein Geburtstag und die damit verbundenen Konstellationen der Sterne sind immer und stets als lockere Richtlinie gedacht. Sternenbilder und alles , das die geistige Welt uns als Unterstützung auf unserem Wege an die Hand, ins MenschSein gibt, hat unendlich viel Weite für deine Interpretation. Jede Form von Botschaft aus der geistigen Welt geht immer und stets durch deinen eigenen Filter. So kann also die gleiche Nachricht heute und morgen vollkommen verschieden für dich sein.

Achte auf deinen inneren Impuls und wisse. Du bist richtig. Jetzt, in jedem Augenblick. Aus diesem richtig sein erwächst deine Schöpferkraft, die dich direkt ins Spiel des Liebens katapultiert.

Die Geschichte hinter der Geschichte

Im Spiel der Zerstörung finden wir selten eine „glatte" bzw. klare Situation. Hinter jeder deiner Geschichten, hinter allen Situationen gibt es mindestens eine, meist unzählig viele mehr Geschichten bzw. Ebenen bzw. Dimensionen. Wir bei loahoku interessieren uns nicht für das, was du uns erzählst, wir gehen gleich in die Geschichte hinter der Geschichte. Denn erst dort ist die Wurzel, die Quelle, aus der es entstanden ist.

Hintertürchen aus dem Spiel der Zerstörung

Wenn wir bei loahoku von Hintertürchen sprechen, dann beinhaltet dieses Substantiv alles, das du anwendest, um eben nicht ganz hier zu sein. In meiner Erfahrung ist es so, dass es ähnliche Hintertürchen gibt und auch ganz individuelle. Hintertürchen können unter anderem sein, dass du dich regelmässig „wegschläfst", träge bist, Dinge verschiebst, Drogen oder Alkohol konsumierst, um nicht hier zu sein. Es kann sein, dass du dich ständig im Aussen beschäftigst, von einem „Event" zum anderen gehst, um nicht alleine zu sein, dass du extreme Sportarten machst, um dich zu spüre, etc. Wie bereits gesagt, sind die meisten Hintertürchen individuell.

Und meist hast du sie so gut programmiert, dass du sie nicht selbst finden kannst. Hier unterstützen dich die Spiegel im Aussen, das was Menschen immer wieder zu dir sagen oder dir anderweitig spiegeln. Und im besten Falle die Meisterschule oder ein Entwicklungsurlaub mit uns.